Aini Teufel
Semperoper Dresden

Aini Teufel

Semperoper Dresden

Tagebuch aus den
Jahren des Wiederaufbaus
1980–85

THELEM

Der Druck dieses Buches wurde freundlich unterstützt vom Förderverein Sachsen/Mitteleuropa e. V.

Bibliografische Information der Deutschen Nationalbibliothek
Die Deutsche Nationalbibliothek verzeichnet diese Publikation in der Deutschen Nationalbibliografie; detaillierte bibliografische Daten sind im Internet über http://dnb.d-nb.de abrufbar.

Bibliographic information published by the Deutsche Nationalbibliothek
The Deutsche Nationalbibliothek lists this publication in the Deutsche Nationalbibliografie; detailed bibliographic data are available in the Internet at http://dnb.d-nb.de.

ISBN 978-3-945363-17-1

© 2010, 2015 w. e. b. Universitätsverlag und Buchhandel
Eckhard Richter & Co. OHG
Bergstr. 70 | 01069 Dresden
Thelem ist ein Imprint von w. e. b.
1. Umschlagseite: © Siegfried Layda/Stone/Getty Images
4. Umschlagseite: Portrait Aini Teufel (Standbild)
© Hans Rombach (seven years film)
Made in EU.

Vorwort

Das Licht in den unzähligen goldenen Leuchtern verlöscht. Der Zuschauerraum sinkt in dämmrige Stille. Als sich der rote Samtvorhang hebt, wächst aus dem Dämmer ein Erinnern: wann saß ich hier? Gab mich staunend jenem Schweben zwischen Wirklichkeit und Traum?

Großmama steht auf einmal wieder vor mir und hält mir ein Glas Saft an den Mund. Ich aber kann nicht trinken, denn Sirenen heulen auf. Im still glänzenden Foyer erlöschen die Lichter. Wir hasten in einen Keller, stehen dann, eng aneinandergepreßt, und Großmama schaut zu den Wasserrohren auf, die sich über unseren Köpfen spannen, murmelt: Wir gehen nie wieder in die Oper!

Die Bomben fielen nicht an jenem Nachmittag. Sie fielen später. In einer Nacht. Und am Morgen glühte der Himmel rot, und Rauchschwaden ließen meine Augen tränen. Ich stand am Straßenrand und starrte die an, die an mir vorüberzogen, rußgeschwärzt, stumm. Die noch lebten nach dieser Nacht. Und mir wurde das Wunder bewußt: auch ich lebte!

JAHRE VORHER

Kindheit inmitten von Ruinen der einst weltberühmten Stadt. Ruinen, waren sie nicht Verheißung auf Leben? Welt ohne Angst? Liebte ich sie? Sonneninseln malte ich zwischen düster ragende Fassaden, ließ Birken glänzen im Meer aus Stein. Einsam trauernde Wände einer Sommernacht schmolz ich zum sanftdunklen Ruinenmassiv, legte Mondlichtpfade in meine still gewordene Stadt. Gespenstige Landschaften des Todes? Wir lebten in ihnen, und sie lebten und wandelten sich mit uns, unseren Fähigkeiten, Fehlern und Schwächen. Teil dieser Ruinenlandschaft: die Semperoper. Schwarz gähnten Fensterhöhlen, Möwen und Tauben flatterten aus und ein. Man munkelte, die Oper werde wieder aufgebaut. Andere lachten darüber. Es fehlte an Wohnraum, Kleidung, Essen. Wer sollte da an die Oper denken? Man dachte an sie, stritt für sie und stritt gegen sie.

Ich wußte es nicht, saß – Anfang der fünfziger Jahre – am Kellerfenster der Kunstakademie und zeichnete die Ruine der Frauenkirche. Was für eine Ruine! Im Detail noch der Klang des Ganzen! Hinter der Ruine breitete sich die Landschaft eben. Die huflattichgelben Trümmerberge hatten wir abgetragen. Hell wuchsen die Häuser des Altmarktes hoch. Die Semperoper sah ich dann und wann. Die Fensterhöhlen waren jetzt zugemauert. Ich

hörte, man hätte die Oper gesichert, wüßte jedoch nicht, sollte man sie abreißen oder rekonstruieren und restaurieren. Einige meinten, man müßte die zerstörten Städte nutzen zum radikalen Neuaufbau. Das sei viel billiger als die Restaurierung solch alter Klamotten. Was habe die Architektur des neunzehnten Jahrhunderts schon für einen Wert?

Jahrzehnte später – zu Beginn der achtziger Jahre – lag die Oper dann hinter einem Bretterzaun in der Sonne, umsponnen von Stahlgerüsten, und auf den Gerüsten sich bewegendes Weiß; – Stukkateure und Steinmetzen. Ob auch ich bei der Restaurierung der Semperoper Dresden mitarbeiten wollte, fragte man mich. So betrat ich an einem Herbstmorgen des Jahres 1980 zum zweiten Male die Semperoper.

DER ERSTE TAG AN DER SEMPEROPER
September 1980

Wände bemalen. Nie im Leben habe ich Wände bemalt. Neugier ist da und Angst. Von heute an werde ich – wie lange weiß ich noch nicht – jeden Morgen am Bretterzaun entlanggehen bis zu einem schmalen Tor. Ich werde hindurchgehen und den Schutzhelm aufsetzen. Nun gehöre ich dazu. Niemand fragt, wer ich bin, was ich hier will. Ich gehe über den Bauplatz hinein in die Oper, steige über mörtelbekleckste Stufen drei Stockwerke hoch, taste mich über eine kleine Holzbrücke. Dunkel ist es in den Gängen, ringsum unverputzte Wände. Da sehe ich die Scheinwerfer der Stukkateure. Leicht geblendet vom Licht, steige ich die lange Sprossenleiter hinauf in die Etage der Maler. Dort nehme ich den Schutzhelm vom Kopf und sage zu Mara, die über sich das Gewölbe bemalt: Grüß dich!

Mara steigt von der Fußbank, Malstock und Farbnäpfchen in der einen, Pinsel in der anderen Hand, steigt vom ersten Podest, vom zweiten, steht vor mir. Mara ist eine große Frau mit hellen zärtlichen Augen. Das halblange Haar hat sie hinter die Ohren gesteckt.

Komm! sagt sie.

Wir laufen über die Bretteretage. Die Bretter vibrieren bei jedem Schritt, sind lose über die Stahlrohre gelegt. Durch die Lücken sehe ich die Stukkateure unter uns. Mara geht mit mir zu den Kappensegmenten, die ich bemalen soll. Sich überschneidende Gewölbe, von Scheinwerfern aus dem Dämmer gerissen, teils fertig bemalt, teils eben begonnen. Im filigranen Linienornament von Ockertönen ein Blau, – da sieht das Ocker wie Gold aus.

Das soll ich malen?

Mara nickt und bringt Farben in kleinen Gläsern, reicht mir einen Malstock. Wir zerren einen Scheinwerfer heran. Von unten hört man Stimmen. Aus einem Radio singt Adamo.

Mit den Ockertönen beginnst du! sagt Mara. Dann verstehe ich nichts

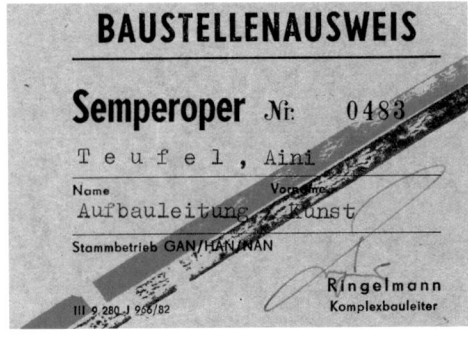

mehr. Ein Preßluftbohrer läßt alles erzittern. Hehe! schreit es von unten, und jemand dreht das Radio so laut, daß es den Bohrer fast übertönt.

Wirst du zurechtkommen? schreit Mara.

Ich versuch's! schreie ich, steige mit Pinsel und Farbnapf aufs Podest. Halt, da fehlt ja etwas! Der Malstock! Merkwürdiges Gebilde! Habe nie mit Malstock gemalt! Was soll's, hinabsteigen vom Podest, ihn holen! Schließlich brauche ich ihn zum Auflegen der malenden Hand! Ach, und wie zittrig werden meine Linien trotzdem noch! Meine ganze Angst ist in ihnen! Nur gut, daß ich mit einer anderen Farbe gegenmalen und so die Unebenheiten der Linien korrigieren kann! Ein winziges Stückchen Semperoper ist dir anvertraut, denke ich. Da zittert die Hand noch mehr.

Als mich Mara, Schutzhelm auf dem Kopf und zwei Wassereimerchen in der Hand, zum Frühstück holt und wir an ihrem Gewölbe vorbeigehen, starre ich verzaubert auf die Sauberkeit und Eleganz der von ihr gemalten Ornamente.

Wir gehen zum ITALIENISCHEN DÖRFCHEN. Ein Seitenflügel ist jetzt Bauarbeitergaststätte. Im Frühstücksraum sitzen nur Männer. Während wir essen, betrachten sie uns, und wir betrachten sie. Mara weist auf einen schwarzbärtigen untersetzten Mann. Er fahre den hohen Kran! Zwölf Paare Doggen habe der und die Jungen dazu. Seine Frau sei ihm davongelaufen. Und dort, das sei der Oberelektriker der Semperoper! Sie zeigt auf einen Riesen mit blonden Ringellöckchen.

Gestalten sind das! sage ich bewundernd. Die müßte man zeichnen!

Tu's doch, tu's! Mara lacht.

Nach dem Frühstück führt sie mich ins Künstleratelier. Der Gartenzaun vorm Atelier ist mit Kletterbohnen bewachsen. Lange grüne Bohnen baumeln neben roten Blüten.

Bohnen auf dem Theaterplatz! staune ich.

Kannst dir welche abnehmen, sagt Mara. Hab' vorige Woche zweimal grüne Bohnen gekocht. Hermann hat sie gesteckt. Kennst du Hermann? Er hat unser Motiv entworfen!

Im Atelier frühstücken einige Künstler. In der Mitte des massiven Holztisches eine Stiege gelber Birnen, ein Zettel daneben: für Vitaminun-

terernährte! Die habe
der künstlerische Lei-
ter, Herr Mantius, mit-
gebracht, erklärt mir
Mara. Aber nimm dir
doch, nimm!

Wir begrüßen die
Künstler. Ich kenne
fast alle, und sie ken-
nen mich.

Dann betritt ein
grauhaariger Mann den Raum. Mara stellt uns vor. Es ist Herr Mantius. Es
gebe zwei künstlerische Leiter an der Oper, sagt Mara, Herrn Mantius und
Herrn Streller. Wir würden unter der Leitung von Herrn Mantius arbeiten.

Sie füllt an der Wasserleitung des Ateliers die Eimerchen. In der Oper
gibt es noch keine Wasserleitung.

Wir nehmen nun einen anderen Aufgang zu unserer Etage. Über Treppen, zerbombt vom Angriff 1945, steigen wir hoch zu einem Foyer, in dem
Wände und Marmorsäulen glänzen und alle Deckengewölbe bemalt sind.

Ich sage: Man könnte glauben, die Oper sei fertig!

Dann komm mal eine Treppe höher, meint Mara.

Katakomben, Geruch von Mörtel und Kalk. Ich muß husten.

Na? fragt Mara. Aber komm! Du willst sicher den Zuschauerraum sehen!

Der Zuschauerraum – eine mit Stahlgerüsten gefüllte Riesenhöhle.

Dort hinten, siehst du, das ist die Bühne! zeigt Mara.

Wo? frage ich verwirrt, sehe hinter staubigem Dämmer Sonne in Pappeln,
eine Straße, auf der Autos fahren.

Wir malen dann wieder, Mara und ich. Es macht mich wütend, wie meine
Hände zittern. Ich hatte doch immer eine ruhige Hand!

Weißt du, eine Wand ist etwas grundsätzlich anderes als Papier, sage ich
seufzend zu ihr, als sie sich von mir verabschieden will.

Mara steht und kneift die Augen zusammen. Für den Anfang nicht
schlecht, meint sie.

Wie war's an der Oper? fragt zu Hause meine Tochter Mirjam.

Dieser Malstock! schimpfe ich los. Immer ist er mir im Wege, doch ohne
ihn geht's auch nicht! Und wie war's bei dir? Mirjam ist heute den ersten
Tag in die Erweiterte Oberschule, die EOS, gegangen.

Schrecklich, sagt sie, und ihr kleines Gesicht sieht erloschen aus: So eine
Kälte! Ich passe da nicht hin! Ob ich das jemals schaffe dort?

Das habe ich mich heute auch gefragt, sage ich leise.

BAUSTELLENSKIZZE
September 1980

Für mich hat diese Baustelle etwas Besonderes. Betrete ich sie, liegen links die Bauhütten der Bildhauer, Steinmetzen und Maler. Rechts steht der hohe Kran. Vor der Oper arbeiten Zimmerleute in ihren schwarzen Manchesteranzügen. Alles geschieht verhalten und maßvoll, so, als wolle man eine Schlafende wecken, ohne sie zu erschrecken. Vielleicht hängt das mit dem Spannungsverhältnis der Formen zusammen, in denen die Oper erbaut ist. Dieses Maßverhältnis erzeugt in den Menschen ein ganz bestimmtes Gefühl. In manchen Gesichtern, die ich flüchtig sah, glaube ich, etwas von diesem Gefühl gefunden zu haben. Die Oper hält viele – ich weiß es von Mara –, die im Wohnungsbau besser verdienen würden, Stukkateure und Maler. Aber irgend etwas weckt die alte Oper in den Menschen, die sie wecken wollen, was mehr ist als Geld.

Wieder auf meiner Bretteretage, bin ich benommen wie am ersten Tag. Die Sonne, die von unten her die Gewölbe erleuchtet! Der Bretterboden, an jeder Stelle ein Stilleben! Und durch das Rundbogenfenster blicke ich auf die sich dem Fensterbogen unterordnenden Bögen der Elbbrücke, sehe Straßenbahnen und winzige Menschen im Gegenlicht. Schade, denke ich, daß ich nur so kurze Zeit hier bleiben kann! Mara möchte einige textile Arbeiten für ihre Aufnahme in den Künstlerverband fertigstellen und gab mir deshalb einen Teil ihres Vertrages.

Ich begrüße Mara und gehe zu meiner Kappe. Der Scheinwerfer brennt

schon. Ich muß an zwei gegenüberliegenden gewölbten Wänden
die gleichen Ornamente malen.
Vor mir lehnt eine Tafel, auf die
Hermann – Graphiker wie ich –
das Motiv nach alten Vorlagen
gestaltete. Mara, die mehrere Male
das gleiche Motiv malte – jetzt
arbeitet sie an einem anderen –,
hat an die von Hermann gemalten
Farben Nummern geschrieben.
Für jede Farbnummer habe ich ein
Glas mit Pigment. Bevor ich die
Farben aber an die Wand bringen
kann, muß ich sie mit Wasser und
Leim anrühren.

Nachdem ich den Scheinwerfer
zurechtgerückt habe, beginne ich.
Heute versuche ich etwas Neues:
das Farbnäpfchen mit in die Hand
zu nehmen, die den Malstock hält;
so habe ich es bei Mara gesehen.
Es hat den Vorteil, daß man sich
nicht fortwährend – will man die
Pinsel in die Farbe tauchen – bük-
ken muß. Ich schaffe es aber nicht,
mich auf das Halten von zwei Gegenständen zu konzentrieren und gleich-
zeitig noch zu malen. Resigniert stelle ich das Näpfchen auf die Bretter
zurück. Muß mich nun, immer im Wechsel, bücken und aufrichten,
bücken und aufrichten.

Nach einer Weile steige ich vom Podest und betrachte das Gemalte. Ich
bin nicht zufrieden. Es fehlt die mühevolle Leichtigkeit, aus der heraus
die Motive leben.

Als wir vom Frühstück zurückkommen, betaste ich staunend die Säulen
aus Stuckmarmor.

Stuckmarmor sei eine Masse, ähnlich wie Plastilina, erklärt uns Timm,
einer der Stukkateure. Die Masse werde geknetet, in Scheiben geschnitten
und auf die gemauerten Säulen aufgetragen.

Wie aufgetragen? frage ich.

Mit der Hand, erklärt Timm. Und innerhalb von vierundzwanzig
Stunden ist die Masse erkaltet und muß geschliffen werden, bis sie glänzt.

Man spürt, der junge Stukkateur erzählt gern von seiner Arbeit. Vielleicht verbirgt sich hinter diesen Erklärungen das Unerklärbare, das ihm bei der mir stupide erscheinenden Arbeit Freude und Freundlichkeit erhält.

Ich blicke mich um. Überall auf dieser Etage sitzen oder stehen Stukkateure in grün- oder rosaweißen Anzügen und reiben hingebungsvoll die stumpfe, hart gewordene Masse zu glänzendem Marmor. Immer wieder tauchen sie das Schleifwerkzeug in den Wassereimer. Timm zeigt mir das Werkzeug: nicht größer als eine Handbürste ist es, sieht aus, als wäre feines Sandpapier um einen eckigen Stein gewickelt.

Und das machen Sie Tag für Tag? frage ich.

Timm lächelt. Wochen, Monate, Jahre schon!

Und wer hat diesen Stuckmarmor erfunden?

Timm läßt sich Zeit, wenn er lächelt, und er läßt sich Zeit zu antworten. Das ist nicht neu erfunden, das haben die Alten schon so gemacht.

Aber ist das nicht sehr teuer?

Teuer? Ja. Aber echter Marmor ist noch teurer.

Dann male ich wieder. Plötzlich wackelt die Bretteretage, ich höre Schritte. Timm kommt auf mich zu, jetzt ohne Schirmmütze. Er reicht mir eine kleine Vase aus Stuckmarmor entgegen.

Wollte sie Ihnen mal zeigen, sagt er. Ich habe viele Hobbys, kann mich für keines entscheiden. Mache Fotos, male, gehe bergsteigen und forme Vasen und Leuchter aus Stuckmarmor. Ja, es sind eben zu viele Hobbys, sagt er seufzend, und überall fehlt mir die Anleitung.

Ich sage: Nächste Woche habe ich ein Gespräch mit einem Betrieb über die Leitung eines Malzirkels. Wenn wir einen Zirkel gründen, könnten Sie mitkommen!

Freudig nickt der junge Mann, streicht sich dann seinen Bart, sagt:

Vielleicht wird's doch nichts! Und läßt die Vase wieder in die Hosentasche gleiten.

Timm! Timm! ruft es von unten.

Kommen Sie doch mit, meint Timm, wir feiern! Bin Vater geworden! Er ruft nach Mara.

Wir setzen uns auf die Bretter und springen hinab in ausgestreckte Arme.

Als ich zu Hause die Wohnungstür aufschließe, höre ich Musik. Mirjam spaziert mir entgegen.

Na? frage ich.

Heute im Fach PA – Produktive Arbeit – habe einer neben ihr gearbeitet, erzählt sie, ein Blonder, Hübscher. Der habe gesagt: So eine Scheiße, diese EOS! Wäre ich bloß in meiner alten Klasse geblieben!

Es geht anderen wie dir, sage ich. Wirst dich schon eingewöhnen!

Nie! ruft Mirjam aus. Nie!

Wir essen Abendbrot mit Oma-Elisabeth, die bei uns im Zimmer meiner großen Tochter Babett wohnt; Babett ist in Omas Kleinstwohnung gezogen. Oma war heute zu einer Auszeichnungsveranstaltung. Man hat ihr als ältester Helferin der Volkssolidarität unseres Neubaugebietes Dresden-Prohlis einen Orden verliehen. Auf dem Heimweg hat sie ihn schon wieder verloren.

Macht nichts, sagt sie und lächelt verschmitzt, ich bekomme schon wieder einen!

OCKERTÖNE
September 1980

Mara ist nicht da, so muß ich allein zurechtkommen. Mit meinen ockerfarbenen Ornamenten soll es heute weitergehen. Da sehe ich: mein Farbnapf ist fast leer.

Ich suche das Glas mit der Nummer 224, entnehme trockenes Farbpigment in einen Mischnapf und sumpfe es mit Wasser ein. Auf dem Kocher wärme ich Leim, damit er wieder flüssig wird, gieße ihn dann zur eingesumpften Farbe, verrühre beides und mache eine Farbprobe auf weißem Papier. Diese lege ich in den Scheinwerfer zum Trocknen.

Nachdem sie getrocknet ist, halte ich sie erst an Hermanns Entwurf und danach an Maras Malereien. Ich bin unangenehm überrascht: mein Ocker Nummer 224 ist ja viel heller! Also mische ich dunkleren Ocker unter, mache eine neue Farbprobe und trockne diese. Jetzt gleicht mein Ocker dem von Mara. Ich streiche mit dem Finger über die Farbprobe, um sie auf Wischfestigkeit zu prüfen. Ein wenig wischt sie noch aus, also muß sie nachgeleimt werden. Nun mache ich von der nachgeleimten Farbe die Wischprobe: mein Finger bleibt ohne Farbe. Ich atme auf und male den Ockerton Nummer 224 neben Ockerton Nummer 223. Erschrecke, als er getrocknet ist: sie heben sich ja kaum voneinander ab!

Ich kontrolliere meinen Ockerton anhand des Entwurfes und Maras Malereien. Er stimmt. Wahrscheinlich hat sich übers Wochenende, bedingt durch den Leim, Ocker Nummer 223 verändert. So mische ich Nummer 223 nach, mache Farbproben, Wischproben und bin nach Stunden dann soweit, daß ich mit dem Malen beginnen kann.

Später suche ich mir eine andere Stelle an der Wand, denn das Gemalte muß jetzt trocknen. Würde ich unmittelbar in der Nähe weitermalen, könnte es geschehen, daß ich mit dem Malstock, den ich auf die Wand auflegen muß, die Farben auswische. Ich entscheide mich für einige Rottöne, hole Maras Fußbank und male am Schirm an der Decke meines Kappensegmentes. Das ist weit anstrengender, als ein Gewölbe zu bemalen! Schaut man eine Weile so starr nach oben, fühlt man einen seltsamen Druck im Kopf. Der Druck wird so stark, daß ich den Kopf senken muß. Doch mit einem Male spüre ich nichts mehr davon. Ja, es macht Spaß, diese Art Malen!

Irgendwo gräbt sich ein Preßluftbohrer ins Gewölbe. Das Radio versucht, sich gegen den Bohrer zu behaupten. Dann schweigt der Bohrer. Ich höre Nachrichten: zwei Interkosmonauten, ein Kubaner dabei. Hinter der Wand, die ich bemale, jetzt ein dumpfes Klopfen, wie aus einem Grab.

Herr Mantius kommt heran, betrachtet, was ich gemalt habe, und setzt sich dann zu mir aufs Podest. Er erzählt, er wäre mit Herrn Streller nach

Wien gefahren, um sich dort im Kunsthistorischen Museum Originalmalereien von Gottfried Semper anzusehen. Sie hätten die auch hier in der Oper verwendeten Motive abnehmen können, denn man habe ihnen ein Gerüst ins Museum gebaut.

Als ich kurz nach Mittag gehen will, ist vor der Oper eine dicke Schicht hellgrauen Schlammes.

Soll ich Sie rübertragen? ruft ein Arbeiter, der an einem Betonmischer lehnt.

Beim Mittagessen im FRESSWÜRFEL, einer Gaststätte am Postplatz, sitze ich zwei alten Männern gegenüber. Der eine ißt, der andere hält eine Reihe vergilbter und an den Ecken eingerissener Fotos in der Hand. Während wir essen, blättert er sie durch. Niemand sagt etwas. Dann steht der Mann mit den Fotos auf und geht, ohne zu grüßen.

Schmeckt's Ihnen? fragt mich der andere Alte.

Mir schmeckt's, antworte ich.

Und jetzt gehen Sie nach Hause zu Ihrem Mann, vermutet er.

Nein, ich gehe zu einer Sitzung.

Aber nach der Sitzung gehen Sie zu Ihrem Mann?

Ich lebe allein, sage ich.

Da wartet niemand auf Sie? Teilnahmsvoll blickt mich der Alte aus wäßrigen Augen an.

Doch, erwidere ich. Meine kleine Tochter wartet und zwei Katzen.

Und so eine kleine Tochter lassen Sie einfach allein?

Sie ist vierzehn Jahre.

Nein, sagt er, nein, jetzt machen Sie Spaß mit mir!

Ich habe noch eine größere, sie ist neunzehn, sage ich.

Der Alte droht mit dem Finger.

Rote Rosen in den Anlagen vorm Kulturpalast, ein sonniger Nachmittag. Ich laufe die teppichbelegte Treppe hinauf zum Saal. Gedämpftes Licht hier, die Vorhänge werden eben zugezogen. Schon komme ich mir wie in einem Käfig vor.

Hinter dem Präsidiumstisch Pedro. Er fährt sich durchs dichte, graumelierte Haar und nickt mir aus der Ferne zu.

Reden und wieder Reden. Ich verstehe wenig von den Problemen, über die man spricht, so werden Zahlen nicht Leben für mich. Warum eigentlich lasse ich mich in solche Gremien wählen? Aus Bedürfnis nach »Außenwelt«? Der Hoffnung wegen, Interesse für uns Künstler zu wecken und vielleicht – dann und wann – einige Voraussetzungen für künstlerische Arbeitsvorhaben schaffen zu können?

Stunden später, Stühle werden gerückt. Ich schiebe mich hoch – in Jeans

heute, die fleckig sind vom Baustellenstaub, am Riemen meiner Schulter-
tasche baumelt der weißgraue Schutzhelm.

Pedro mustert mich skeptisch.

Ich komme von der Oper! erkläre ich.

Ach? Malst du neuerdings Kulissen?

Ich restauriere die Semperoper!

Du auf einer Baustelle! Schallend lacht Pedro los. Da gehst du doch unter!

Wieso? Es gefällt mir da!

Das ist doch nichts für dich! Wilde Gesellen dort! Ruf mich in den
nächsten Tagen mal an! Wir bereiten eine Ausstellung vor, brauchen einige
Blätter farbige Druckgraphik!

Zuhause bei Mirjam und Oma-Elisabeth wartet Babett auf mich.

Angenommen, Mutsch! ruft sie aus. Ihr Gesicht glüht.

Schon immer war es ihr Traum, Busfahrer oder Fernfahrer zu werden.
Gingen wir spazieren – sie wagte die ersten Schritte –, wurden ihre blauen
Katzenaugen noch blauer, schoben sich Fernlaster, riesig und bunt, durch
die Straßen. Und als sie sich später für einen Beruf entscheiden sollte,
stand fest: Fahren, ganz gleich, ob Müllauto, Milchkarre oder Bus! Doch
Lehrstellen solcherart waren nur für Jungen geplant, so lernte sie vorerst
in einem Friseursalon, vorerst. Kaum hatte sie ausgelernt, bewarb sie sich
für einen Sonderlehrgang bei den Verkehrsbetrieben.

Angenommen!

Babett strahlt und schubst ihren Freund Eberhard an. Der senkt die Lider, als fühle er sich schuldig, weil er die Lehrstelle bekam, die sich Babett
gewünscht hatte. Er steht auf, denn er muß zum Dienst; er fährt schon
einen Linienbus in Dresden. Babett streicht für ihn Stullen; Kaffee hat sie
bereits gekocht und in eine Thermosflasche gefüllt.

Nach dem Abendbrot geht auch Babett. Ich bringe sie ein Stück. Dann
läuft sie ins Dunkel, wendet sich noch ein paarmal um und winkt. Ob ich
das jemals schaffe, mich daran zu gewöhnen, daß sie so einfach fortgeht?

BESUCH AN DER OPER
Oktober 1980

Vor dem Frühstück mische ich mit Mara Farben im Atelier. Sie reibt Farbpigmente mit wenig Wasser auf einer Glasplatte. Mara hat einige meiner Kurzgeschichten gelesen und fragt nun: Warum sind eigentlich alle deine Geschichten so traurig?

Wieso traurig? wundere ich mich.

Ach, nicht traurig? staunt nun Mara. Aber sieh doch, die Menschen in deinen Geschichten kommen aufeinander zu, und dann gehen sie wieder voneinander fort.

Ja, aber sie gehen anders voneinander fort, als sie aufeinander zugekommen sind! Zwischen Kommen und Gehen geschieht etwas!

Mara sieht mich nachdenklich an.

Weißt du, ich suche etwas, was Wert hat im Leben, erläutere ich.

Wert? Was ist für dich ein Wert? fragt Mara.

Ich denke, er hat mit Konstanz und mit Bewegung zu tun. Vielleicht die innere Berührung von Menschen während ihres Unterwegsseins?

Was, so wenig? ruft Mara aus.

Aber das ist doch viel! entgegne ich.

Nun muß Mara lachen, streicht die Farbe in ein Glas und fragt: Übrigens, deine Wanderfreunde, kommen sie heute?

Schutzhelme auf den Köpfen, gehen wir über die Baustelle zum Ausgang und sehen Matthias und Gert – ich kenne sie von einem Gebirgsurlaub – vorm ITALIENISCHEN DÖRFCHEN stehen. Blütenweiß ihre Kittel und Helme.

Zusammen klettern wir dann die Lattenleiter hinan zu unserer Bretteretage. Vorsichtig laufen die beiden in ihren geborgten Frauenkitteln, stehen, die Helme in den Händen, und schauen.

Sind die Motive vorgezeichnet? Wer hat sie vorgezeichnet? fragt Gert.

Künstler haben sie nach alten Vorlagen gemalt, sage ich. Von diesen Malereien wurden Pausen angefertigt. Sie werden in Teilen auf die Gewölbe gepaust. Auch das machen Künstler. Einige müssen die Pause an die Wand halten, starr halten, da man sie nicht befestigen kann. Mit einem Pausbeutel tupft dann ein anderer staubfeine Kohle durch die gerädelten Löcher der Pause.

Darf man etwas verändern? möchte Gert wissen.

Nein. Es muß alles originalgetreu nach dem Entwurf gearbeitet werden.

Wir klettern die Leiter hinab, laufen über Bretter und Podeste ein Foyer entlang zum zwingerseitigen Treppenvestibül. Glänzende Marmorsäulen, fertigbemalte Gewölbe sehen wir hier. Wieder Staunen in den Gesichtern meiner Wanderfreunde.

Haben das alles Künstler gemalt?

Mara, die schon seit einigen Jahren an der Oper arbeitet, erklärt: Zuerst hätten hier nur ausgebildete Restauratoren gemalt. Dann wären es aber zu viele Arbeiten geworden, so habe man Restauratoren aus anderen Städten geholt. Eines Tages hätten auch diese nicht mehr ausgereicht. Da habe man freischaffende Künstler angesprochen. Und diese hätten dann ihre Freunde mitgebracht. Und die Freunde wieder Freunde. So wäre jetzt hier an der Oper eine große Anzahl bildender Künstler tätig, Maler, Graphiker und Bildhauer.

Wir laufen über Bretter und Podeste ein Foyer entlang, in dem Zimmerleute arbeiten. In der Mauer sind Durchblicke frei in den Zuschauerraum. Wir sehen Dämmer und Stahlgerüste.

Mara zeigt nach oben. Die Decke des Zuschauerraumes wird auch noch bemalt, erläutert sie. Wenn ich einen Vertrag bekomme, gebe ich dir wieder etwas ab, sagt sie zu mir. Vielleicht erhältst du aber auch selbst einen Vertrag.

Männer hantieren mit Brettern und Stahlrohren. Wir stören, laufen deshalb ein Stück weiter und gehen dann eine Treppe hinab. Nun stehen wir vor holzgetäfelten Wänden. Die Holztäfelung ist täuschend echt gemalt.

Mara erzählt aus der Geschichte der Semperoper: Die Oper, 1841 zum ersten Mal von Gottfried Semper erbaut, dieser Bau brannte 1869 ab und wurde von Sempers Sohn Manfred ein zweites Mal erbaut. Nun bauen wir die Oper zum drittenmal.

Wir schweigen eine Weile. Dann sagt Matthias: Sie möchte nicht noch einmal abbrennen! Seine großen blauen Augen wirken auf einmal alt und weise.

Was kostet das alles? interessiert sich Gert.

Die Frage können wir nicht beantworten. Mara sagt, aus dem Ausland wären Angebote gekommen, die Finanzierung des Wiederaufbaues zu

übernehmen, die DDR habe sie
aber abgelehnt.

Matthias und Gert betasten die
Marmorsäulen. Wir gehen dahin,
wo sie hergestellt werden.

Kommt am Montag wieder!
schreit uns der Brigadier der Stukkateure zu. Dann könnt Ihr zuse-
hen, wie wir Säulen machen!

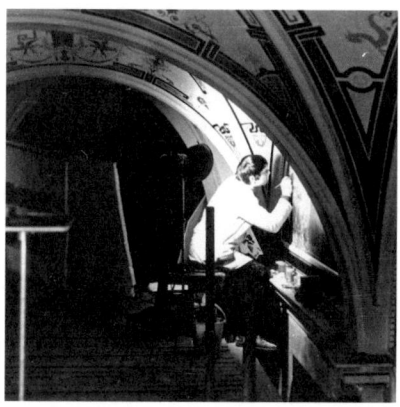

Wir begeben uns zurück an unsere
Arbeitsplätze im elbseitigen Treppenvestibül. Als Mara zu malen beginnt, stellt sich Matthias hinter sie.
Ich hocke mit Gert an einem der
Bogenfenster. Wir blicken hinaus
auf das ITALIENISCHE DÖRFCHEN,
die Brücke, die Menschen, die über
die Brücke laufen, die Schiffe auf
dem Wasser. Himmel ist da mit
hellen Wolken, und irgendwo im
Raum klingt wie immer Musik. Ein
Arbeiter singt dazu.

Eine schöne Atmosphäre bei
Euch, meint Gert.

Ja, stimme ich zu, alles hat hier
etwas von Unterwegssein.

Mara verabschiedet sich von uns. Ich bringe Matthias und Gert später
über den Bauplatz zum Tor. Mein Weg führt die Prager Straße entlang zur
Bushaltestelle am Hauptbahnhof. Die Sonne scheint ein wenig fahl, neblig
ist die Luft, doch warm. Menschen sitzen um die Springbrunnen, plaudern
oder lesen oder halten ihre Gesichter der Sonne entgegen.

Mit einem fast leeren Bus fahre ich nach Hause. Die Häuser im Neu-
bauviertel glänzen. Oma-Elisabeth wärmt die Kartoffelsuppe, die Babett
gekocht und mir gebracht hat. Ich esse auf dem Balkon, sehe in der Ferne
die Berge der Sächsischen Schweiz. Später öffne ich die Briefe und lege
danach eine Kassette in den Recorder. Für mich stimmt heute die Welt:
der VEB Gesellschaftsbau sandte mir einen eigenen Arbeitsvertrag für
die Semperoper.

Abends kommt Mirjam, staubig und verschwitzt, von einer Klassenwanderung aus der Sächsischen Schweiz zurück.

Wie war's bei den Affensteinen? frage ich.

Mirjam beginnt zu lachen und kann gar nicht wieder aufhören. Stell' dir vor, erzählt sie, wir wollten doch mit der Eisenbahn bis Krippen fahren! Aber der Zug hielt gar nicht in Krippen, er fuhr durch bis ins tschechische Dečin! Und sieben Schüler hatten keine Personalausweise mit! Ja, da saßen wir dann fest in Dečin beim tschechischen und deutschen Zoll! EOS wollt ihr sein, unsere künftige Intelligenz? habe man sie gefragt. Habe denn keiner bemerkt, daß es der Dečiner Zug war, in den sie einstiegen?

Unter Bewachung wurden wir zum Gegenzug geführt und durften zurückfahren, erzählt Mirjam weiter. Und dann ging's wirklich zu den Affensteinen!

MARMORSÄULEN
Oktober 1980

Die Stukkateure haben uns eingeladen, einmal mitzuerleben, wie Marmorsäulen entstehen. Bis an die Ellenbogen mit grünlicher Plastilina-Masse beschmiert, winken sie kurz, als wir kommen. Der Brigadier lehnt an der Brüstung, die Mütze aus der Stirn geschoben. Seine Hände und Unterarme sehen aus wie in dunkelgrünen Teig getaucht.

Der Wassermann aus dem Märchen, sage ich zu Mara.

Der Wassermann zwinkert uns zu. Hat er meine Bemerkung gehört? Ein anderer Stukkateur ruft nach uns. Er schneidet eben von einer zu einer Riesenwurst gerollten Teigmasse Scheiben ab.

Der Wassermann zeigt: die Scheiben aus graugrüner Masse werden nun mit den Händen auf die gemauerten Säulen aufgepappt.

Aber die Oberfläche ist ja so hucklig und bucklig! wende ich ein.

Tja, sagt der Wassermann, deshalb ziehen wir auch, solange die Masse noch feucht ist, einen Metallring von oben nach unten. Danach muß die Säule trocknen. Und wenn sie nach 24 Stunden getrocknet ist, erscheint sie natürlich matt. Hier, faßt die Säule mal an! So, tja, und dann, dann bringen wir die Säulen zum Glänzen!

Schleifen, schleifen und nochmals schleifen, sagt Mara.

Aber, sagt der Wassermann und macht ein bedeutungsvolles Gesicht, erst wenn die Säule hart und geschliffen ist, erkennt man die Strukturierung des Marmors!

Wie kommt eigentlich die Marmorierung zustande? frage ich.

Tja, wie? Mehrere farbige Massen werden, noch ehe man die Teigwurst herstellt, untereinandergeknetet. Man könne es nicht beeinflussen, wie die Marmorierung verlaufe, erklärt er, es sei aufregend. Sie wären jedesmal froh, wenn die Säulen bei der unterschiedlichen Strukturierung den gleichen Helligkeitsgrad hätten.

Und wenn eine Säule einmal nicht mit den anderen Säulen harmoniert? frage ich. Was dann?

Der Wassermann lacht: Auch das soll schon vorgekommen sein!

Als wir nach dem Frühstück über unsere Baustelle gehen, gleicht sie einem Gemälde: hinter einem orangefarbenen Riesenfahrzeug wächst die Kathedrale hoch in den silbrigen Nebelhimmel, in dem mattgelb-orange die Sonne schwimmt.

Mit einer Schiebkarre kommt der Wassermann und hebt sie über den Schlauch, der vom Fahrzeug aus in die Oper führt.

Was ist denn das für ein seltsames Gerät? frage ich ihn, auf das Fahrzeug weisend.

Es spritze den Parkettboden, erklärt er.

Beeindruckend, dieser Gigant! sage ich.

Ach, das ist noch gar nichts gegen den Kran! meint er. Wissen Sie, der Kran, der mit einem Male das ganze Dach der Oper gehoben und aufgesetzt hat! Den hätten Sie sehen sollen! An die sechsunddreißig Räder hatte der! Zweihundertsechzig Tonnen konnte der heben! Hundertachtzig Meter war der hoch! erzählt der Mann und lacht.

Flunkert er? frage ich Mara.

Heute male ich die Schattierungen der Blumen. Sie sind schwieriger und zeitaufwendiger zu gestalten, als ich dachte. Ich kann sie nicht naß in naß verlaufend malen, wie ich es bei meinen Bilderbüchern getan habe, sondern durch Auftragen dunkler Farbtupfen auf helle Flächen. Da muß die Farbe im Pinsel fast trocken sein. Doch immer wieder befindet sich im Pinsel Nässe, und aus dem beabsichtigten zarten Farbtupfer wird ein häßlich dunkler Fleck, ein optisches Loch. Das muß ich wieder hell übermalen, damit die Plastizität der Blumen entsteht.

Ich male und übermale und bin froh, daß das Radio läuft. Eigenartige Dinge sind zu hören: jemand spricht schreiend, voller Ekstase, er schreit von Volk und Raum. Von unten höre ich Lachen. Ein guter Schauspieler! sagt jemand, wie ein echter Nazi! Dann, zum Schluß der Sendung: Sie hörten den Originalbericht einer Gerichtsverhandlung aus dem Jahr 1942. Unter mir noch tolleres Lachen. Mensch, Leute, habt ihr gehört? Der Kerl war echt!

Ich beginne, die vier Faune in den Ecken meines Segmentes zu malen. Drei habe ich bis zur Hälfte fertig, dann male ich einen zu Ende und setze sogar die Glanzlichter auf. Nun grinst er mich an, mein Faun! Ich lächle ihm zu und spüre mit einem Male etwas Schönes: aus der bedrohlichen Unbekanntheit der zu malenden Objekte sind überschaubare und lösbare Arbeitsschritte geworden! Was für ein Gefühl! Ich mische Farben, leime sie, und meine persönliche Arbeit als Graphikerin erscheint mir auf einmal weniger wichtig als diese nachvollziehende Arbeit an der Oper. Ich weiß, dieses Gefühl wird nicht bleiben. Ich möchte auch nicht, daß es bleibt. Doch sicher muß man es einmal empfunden haben, um hier zu Hause zu sein.

Ich spüre, während ich male, daß Tilo, einer der Maler, schon eine Weile neben mir steht.

Mühselig, sage ich.

Ja, stimmt er zu.

Viermal das gleiche! stöhne ich.

Wir sind noch viel schlimmer dran, malen tagelang das gleiche! meint er.

Ich sage, ein sowjetischer Schriftsteller habe einmal geschrieben, er verstehe nicht, warum man als Helden für Bücher meist Menschen auswähle, die schöpferische Arbeit leisteten. Unschöpferische, mechanische Arbeit zu tun und sich trotzdem Lebendigkeit, Menschlichkeit und Freundlichkeit zu erhalten, sei wahrscheinlich die größere Arbeit an sich selbst.

Tilo nickt. Trotzdem, sagt er, hier gibt's schöne Arbeit! Was denkst du, warum wir alle hier sind!

Durch das Georgentor laufe ich über die Brücke zur Dresdner Neustadt. Mein Ziel ist das Volkskunstpodium. Hier treffen sich wöchentlich einmal die Teilnehmer eines Zirkels Schreibender Arbeiter, dem ich, obwohl kein Arbeiter, angehöre.

Wolken in hellem Grau schweben still über der Silhouette der in Dämmer sinkenden Stadt. Die zerpflückten Ränder der Wolken färben sich rötlich, brennen dann zu Orange vor rotoranger Sonne. Die Oper – ein Teil dieser Silhouette. Dicht bei ihr zwei Kräne, wie dunkel erhobene Arme vor immer lichter werdendem Himmel.

ABNAHME
November 1980

In der Oper sind heute alle Künstler schon vor neun Uhr auf der Baustelle. Sie arbeiten wenig, wischen mit Knetgummi Flecke vom Weiß der Gewölbe, treten zurück, schauen blinzelnd auf das Gemalte. Hocken sich hin, schauen von unten.

Eine Uhr schlägt um neun. Alle stehen verlegen herum, sprechen ein wenig miteinander. Tiefgreifende Gespräche sind heute nicht möglich. Es ist Abnahme. Großabnahme.

Ruhe! Sie kommen! schreit jemand.

Helm um Helm taucht über die Leiter: die Männer der Abnahmekommission. In Anzügen und Mänteln stehen sie, nehmen die Helme ab, gehen hin und her, bis Herr Mantius entscheidet: Beginnen wir bei Herrn Arnold!

Bescheiden, die Arme verschränkt, steht Herr Arnold neben seinem Werk. Es zu vollenden, war nicht einfach für ihn. Schließlich ist er freischaffender Künstler, ein selbständig denkender, fühlender, entscheidender Mensch! Gefragt ist hier aber keine künstlerische Originalität, sondern die künstlerisch vollendete Unterordnung. Hat es Herr Arnold geschafft, sich dem vorliegenden, nach alten Entwürfen Nachgemalten unterzuordnen und doch in dieser Unterordnung ein harmonisierendes Ganzes zu schaffen?

Die Abnahmekommission schaut und prüft. Die Künstler hocken oder sitzen unterdessen vor ihren eigenen Werken auf den Brettern und schweigen. Herr Arnold schweigt auch. Man sieht, ihn schauert. Nicht nur wegen der Kälte – es ist November und wenig geheizt in der Oper.

Dann räuspert sich einer der Abnehmenden: Herr Arnold?

Ja, bitte?

Der zweite Schatten der Blume, hier, sehen Sie, er hebt sich meines Erachtens zu wenig vom dritten Schatten ab! Würden Sie das bitte ändern? Und bei den Putten, sagt ein anderer, etwas mehr Plastizität! Vielleicht könnten Sie das zweite Licht etwas heller nehmen? Vielleicht müßten Sie auch den dunkelsten Schatten noch mehr in die Figur hineinziehen?

Der für die Abnahme verantwortliche Architekt schreibt alle Einwände in ein Protokoll. Dann steht der künstlerische Leiter auf und sagt zum Architekten: Abgenommen! Schreiben Sie es auf! Und zu Herrn Arnold: Sie können die Rechnung stellen!

Maras Kappe wird ohne eine Änderung abgenommen

Ich bin die Malerin, die als letzte zur Oper gekommen ist; die anderen Künstlerinnen und Künstler waren schon Jahre vor mir da. Ich habe nicht so viel Erfahrung wie sie, das weiß ich. Was ich falsch gemalt habe, werde ich korrigieren. Ja, ich will wissen: habe ich es geschafft, den hohen Ansprüchen der Denkmalsverantwortlichen gerecht zu werden?

Nun hocken sie bei mir und schweigen: Herr Mantius, der künstlerische Leiter, Herr Dr. Fichtner, der oberste Leiter der Abteilung Denkmalspflege, Herr Meier, der Architekt, und Herr Jährig, der neue Oberbauleiter.

Ich stehe, wie vorher Herr Arnold, bescheiden an der Seite. Betrachte nicht mein Werk, sondern die Gesichter derer, die es prüfen. Und auf einmal sehe ich etwas, was mich mit einer Freude erfüllt, wie es vielleicht Worte nicht können. Ich sehe ein Gesicht – still und gelöst. Da weiß ich: ich habe bestanden. Von fern höre ich, wie Dr. Fichtner sagt: Sehr schön!

Die Uhr schlägt zehn, als die Abnahmekommission zur Sprossenleiter schreitet und ein gelber Helm nach dem anderen nach unten verschwindet. Wir wissen, während die Leiter knarrt und wackelt, warten unten an der Leiter schon Herr Arnold mit prall gefülltem Beutel und Mara mit einem Kochtopf.

Alles geht nun sehr schnell: Podeste werden zusammengerückt, Fußbänke geholt, Papier oder Lumpen darüber gebreitet. Rotweinflaschen werden entkorkt, der Topf mit Rotwein gefüllt und zum Kocher getragen. Zwischen Maras Farbgläsern suche ich nach Nelken; irgendwann ist die Tüte zerrissen. Ich puste die Nelken ab und werfe sie in den Wein. Geruch von Punsch durchzieht die Bretteretage.

Von unten rufen Maler und Stukkateure: Große Feier, wie?

Kommt hoch! fordern wir sie auf.

Später! rufen sie. Jetzt ist noch dicke Luft!

Mara und ich bestreichen Semmeln mit selbstgemachtem Fett, Herr Arnold schenkt Punsch in Pappbecher. Einige Maler und Stukkateure kommen von unten und setzen sich zu uns. Wir stoßen miteinander an.

Worauf trinken wir?

Darauf, Leute, ruft Tilo, daß die Oper noch lange nicht fertig wird! So gemütlich wie jetzt wird's nie wieder in der Oper!

Alle lachen.

Als die Sprossenleiter knarrt, tauchen die Arbeiter zwischen den Bretterlücken nach unten. Herr Mantius schreitet über das Gerüst zu uns. Er bekommt seine Fettsemmel und Punsch.

Wir erzählen und lachen. Da sagt jemand: Man müßte mal wissen, wie die Maler, die vor uns die Gewölbe bemalten, gelebt haben, wissen, was sie beschäftigt hat, welche Probleme sie hatten! Ein anderer sagt: Und was werden die Maler, die in hundert Jahren unsere Ornamente neu malen – hundert Jahre sollen die unseren halten –, über uns wissen? Vielleicht erklären sie uns für verrückt, daß wir, ständig bedroht von vielfacher Zerstörung unserer Welt, so eine mühselige Arbeit machen?

Ich habe eine Idee! flüstere ich Mara zu.

Trinkt aus, trinkt! mahnt Herr Arnold. Ich habe schon den zweiten Topf fertig!

Ich kann nicht mehr, wehre ich ab.

Ach was, sagt er und gießt mir ein.

Ich muß heute Nachmittag zu einer Ausstellungseröffnung in einen Betrieb, sage ich. Aber ganz nebenbei, sagen wir du?

Warum nicht? Eine Ausstellung deiner Arbeiten?

Ja.

Mußt du sie selbst eröffnen?

Nein.

Aber da kannst du doch trinken!

Wenig später schleiche ich mich aus der fröhlichen Runde davon. Über den Bauplatz laufe ich zum Atelier. Wind wirbelt Staub in die Höhe. Ich kneife die Augen zu.

Vorsicht! schreit jemand. Ein Elektrokarren zuckelt vorbei, der Fahrer schaut sich nach mir um und pfeift.

Verrückt, so eine Gemeinschaft, denke ich. Auf Ideen kommt man da! Nachwelt – was würde die von uns wissen wollen? Was unserer Zeit eigen ist: Krieg, Zerstörung, Wiederaufbau? Das ist nicht alles, da ist mehr, verstehbar und nicht verstehbar. Es zu geben versuchen durch einen Blickwinkel. Doch welchen? Hunderte wären möglich. Ich müßte einen finden, der mehr ist als meiner.

Chrysanthemen im Arm, rutsche ich die Schlammwege entlang nach Hause. Meine Ausstellung steht. Der Betrieb wird den Malzirkel bezahlen. Drei Mitglieder hat der Zirkel schon: Timm, Tilo und Ulliboy, drei Arbeiter der Semperoper.

Dunkel ist es, die Kreuzung wie ein offener Korridor, ich muß mich stemmen gegen den Sturm. Tropfen peitschen mein Gesicht, die Hände, doch mir ist sonderbar warm. Und mitten im Regen fallen mir Worte eines Dichters ein, die ich vor kurzem las: Weltstädte seien gehüllt in den Duft einer einzigen Frau. Welch phantastischer Öffnungswinkel zur Welt: ein Mensch, den man liebt! Sollte das mein Blickwinkel sein? Ich weiß es nicht. Werde weiter suchen nach ihm, der einen Lichtkegel reißen könnte ins weithin erklärbare und dennoch unfaßbare Leben. Es zu fassen versuchen als winzige Pyramide von Licht.

EIN REGENTAG
November 1980

Regen trommelt an die Scheiben der Bahn. Heute fährt zum erstenmal durch unser Neubaugebiet Dresden-Prohlis eine Straßenbahn. Ich will zur Stadt, nicht gleich in die Oper, denn ich erhielt eine Einladung zu einem Auftragsgespräch. Anläßlich eines großen Sportfestes in der Stadt Leipzig soll es eine Ausstellung geben.

Mit regenfeuchtem Haar betrete ich den Vorraum.

Gehen Sie nur hinein! sagt die Sekretärin.

Ich setze mich in einen der breiten Ledersessel und schaue mich um. Neuvorgerichtet der Raum. Hinter mir an der Wand der Staatspräsident. Neben mir ein Foto im Großformat: Kumpel vor der Einfahrt in einen Schacht; einer von ihnen Pedro.

Wie geht's, wie steht's, Künstlerin? Pedro betritt seinen Arbeitsraum. Noch immer an deiner Oper?

Ich habe einen zweiten Arbeitsvertrag, vielleicht erhalte ich einen dritten! Für meine Oper! betone ich.

Bildende Künstler kommen, auch Kollegen von der Leitung unseres Künstlerverbandes. Und ein rundlicher Herr vom Rat unserer Stadt. Pedro leitet die Sitzung. Er und der Herr vom Rat sprechen von ihren Erwartungen an uns. Man fragt reihum die Künstler, was sie in Vorbereitung der Ausstellung arbeiten möchten. Alle sind noch unschlüssig. Der rundliche Herr ist, wie er uns sagt, zufrieden mit dem Gespräch: Alle guten Initiativen würden seitens des Rates unterstützt, verspricht er. Allerdings müßten die Themen bis Jahresende seitens der Sportorganisation beim Rat angemeldet sein, damit man die finanziellen Mittel planen könne. Das klingt verheißungsvoll. Schließlich leben in unserem Bezirk über 800 bildende Künstler, da sind Aufträge für künstlerische Arbeiten rar.

Hättest du Lust, einige Farbgrafiken zum 50. Jahrestag der ersten deutschen Arbeiter-Bergsteiger-Kaukasus-Expedition zu machen? fragt mich Pedro.

Ein schönes Thema! Ich hätte Lust dazu!

Als ich später in die Oper komme, stehen Künstler und Maler der PGH – Produktionsgenossenschaft des Handwerks – betreten herum. Sie zeigen nach hinten in jene Ecke der Bretteretage, in der ich male. Seit einiger Zeit arbeite ich am neuen Vertrag über eine Kappe mit vier Segmenten, hinzu kommen zwei Segmente an einer anderen Stelle. Es sind allerdings nicht jene Motive, die Mara und ich bisher malten. So muß ich mich an Lisa halten, eine Kollegin in meinem Alter, die seit kurzem wieder auf dem Bau ist.

Komm' nur mal mit! sagt Lisa zu mir.

Wir laufen über die Bretter. Da höre ich: wie ein Wasserfall gluckert es. Und ich sehe es über die Wände herabrinnen, über leere, verputzte Wände, aber auch über Gemaltes. Lange farbige Streifen verunstalten die heiteren Motive.

Wie kommt denn das? frage ich.

Wahrscheinlich ist das Dach undicht, vermutet Tilo.

Heute gehe ich beizeiten, sagt Mara. Ihre Hände und ihr Gesicht sind bläulich verfärbt von der Kälte. Wie kommst du übrigens zurecht mit dem Motiv?

Ganz gut!

Nachmittags fahre ich zu meiner Tochter Babett. Bis vor einem Jahr wohnten Mirjam, Babett und ich zusammen in Oma-Elisabeths Wohnung in Dresden-Leuben. Jetzt erhielt ich eine Atelierwohnung im siebenten Stockwerk eines Hochhauses in Dresden-Prohlis, und Oma tauschte ihre Wohnung gegen eine kleinere in Dresden-Laubegast. Manchmal wohnt sie ein paar Tage dort. Furchtbar! sagt sie immer, wenn sie wieder zu uns nach Prohlis kommt. Niemanden zum Unterhalten! Und wenn man ißt, hört man sein eigenes Kauen! Babett zog mit Freuden in Omas Kleinstwohnung, siebzehn war sie damals. Seitens des Wohnungsamtes wurde ihr aber die Wohnung nicht zugesprochen, und so lebt Babett nun in Omas Wohnung als Gast; Oma hingegen bei Mirjam und mir als Gast. Dessenungeachtet kamen von der Volkssolidarität unseres Neubaugebietes gleich Einladungen für Oma. Und sie übernahm auch bald eine Funktion als Helferin der Volkssolidarität. Nun hat sie oft etwas vor, steckt, ehe sie geht, ein Weinglas in die Handtasche und sagt: Wann ich wiederkomme, weiß ich noch nicht!

Bei Babett steige ich zum dritten Stockwerk hoch und klingle. Als niemand öffnet, schließe ich auf.

Ritschi, Babetts rabenschwarzer Kater, kommt und leckt mir die Hand. Als ich ins Wohnzimmer gehe, läuft er mir hinterher. Ein Zettel liegt auf dem Küchentisch: Ich komme gleich!

Die Wohnungstür wird aufgeschlossen.

Na, Mutsch? Triumphierend dreht sich Babett in der Busfahrerjacke.

Bestanden? frage ich unnützerweise.

Babett zieht die Jacke aus und zeigt mir die Kragenspiegel: winzige, glänzende Busse. Sie hängt die Jacke an die Gardarobe und streichelt sie verliebt.

Wir essen Abendbrot. Die Wohnstube sieht gemütlich aus: uralte Möbel, noch von meiner Großmama-Lina. Farbenprächtige Gardinen und überall Blumen; immer kauft Babett Blumen, auch wenn Ritschi zuweilen einen Strauß umwirft.

Nachdem wir gegessen haben, fragt sie: Was könnten wir noch anstellen? Wie war das, sollte ich dir nicht die Haare schneiden? Babett hat ja auch ihren Berufsabschluß als Friseurin.

Ich nicke zaghaft; man weiß bei ihr nie, wie so etwas ausgeht.

Während sie meine Haare verkürzt, erzählt sie – unter Lachen – von ihrem Lehrfahrer Lars, der ihr anläßlich der bestandenen Prüfung einen Blumenstrauß schenken wollte. Im Blumenladen hätte ihm die Verkäuferin gesagt: Bedaure, mein Herr, wir haben keine Blumen! Da hätte Lars auf einen Strauß gezeigt. Aber mein Herr! hätte sich die Frau empört, das ist doch Grabschmuck!

Als ich von Babett fortgehe, ist es finster, und es regnet. Nun werden meine kurzgeschnittenen Haare auch noch naß. Gelockt wie ein Schaf erscheine ich bei Mirjam und Oma-Elisabeth. Sie sehen mich an und beginnen zu lachen.

Mirjam sagt: Da hat sich Babett ja wieder voll ausgetan!

KÄLTE UND SCHNEE
Dezember 1980

Schnee liegt auf den großen Sandsteinbrocken vor der Oper. Dunkel steht die Silhouette der Katholischen Hofkirche vor dem durchsichtig hellen Himmel.

Die Oper hat Türen bekommen, an manchen Stellen sogar Doppeltüren. In den Aufgängen hängen aus den Wänden Strippen. Zuweilen sieht man Steckdosen, um sie herum sind Fratzen gemalt. Ja, die Oper hat nun Türen zum Abschließen. Will man hinein, braucht man Schlüssel. Ich besitze drei: einen für das Opernhaus, einen für das Künstleratelier und einen kleinen für die Künstlerpforte.

Am Bretterzaun, der den Bauplatz Semperoper umgrenzt und den Kinder so bunt bemalten, komme ich nicht mehr vorüber, wenn ich zur Oper will. Ich steige aus der Straßenbahn und laufe dann durch den Dresdner Zwinger, gehe an der Mauerstelle vorbei, wo ein Sowjetsoldat ins Mauerwerk ritzte: »Keine Minen. Chanutin«. Bei dieser Inschrift, die täglich viele Menschen betrachten, biege ich links ein und laufe noch ein Stück am Zwinger entlang bis zum Denkmal von Carl Maria von Weber. Ich schwenke nun ein in die Richtung, die er weist, denn hier ist das Künstlerpförtchen. Durch ein Loch in der Brettertür fingere ich nach dem Schloß; quietschend öffnet sich die Tür.

Meist gehe ich ins Atelier und ziehe mich um. Den Helm in der Hand, unterhalte ich mich noch ein wenig mit jenen Künstlern, die im Atelier arbeiten. Sie zeichnen oder malen Entwürfe nach alten Vorlagen. Danach balanciere ich über den Bauplatz nach oben. Ich trage jetzt meine alte bulgarische Pelzweste; in der Oper ist es nicht eben warm; kein Wunder, es geht auf Weihnachten zu. Mara ist oft schon durchgefroren, wenn ich komme, und so gehen wir zwei erst einen Kaffee trinken.

Später, wieder oben bei unseren Kappen, weichen wir die gelierte Farbe im Wasserbad auf, damit sie wieder flüssig wird. Während wir am Kocher hocken, plaudern wir. Ich zeige Mara ein Schreiben, das ich vor einigen Tagen erhielt.

Wie? Eine Vorladung zur Polizei?

Ich war gestern dort, erzähle ich. Die Anzeige einer Nachbarin: wie komme so ein junges Ding zu einer Wohnung? Es müsse alles seine Ordnung haben, hatte mir der Polizist erklärt. Wenn es Omas Wohnung sei, so habe Oma dort zu wohnen! Dann würden die Leute auch nicht reden. Sei denn überhaupt die Oma bei mir in Prohlis angemeldet? Und das junge Ding in Laubegast auch? Na gut, aber trotzdem, beharrte der Polizist, die Oma hat da zu wohnen, wo sie hingehört, und das Mädel auch!

Plötzlich läuft ein Mann aus der Verwaltung auf uns zu, gefolgt von einer

Mitarbeiterin Pedros. Ich müsse sofort mitkommen und im Rathaus eine Ausstellung aufbauen! sagt die Frau.

Hier fortgehen? Eben ist die Farbe flüssig! Gehe ich jetzt, kann sie sich übers Wochenende im Tonwert verändern! Nein, ich bin nicht gewillt mitzukommen! Es war mit Pedro vereinbart, daß ich morgen die Ausstellung aufbaue! wende ich ein.

Die Ausstellung müsse heute Abend stehen, habe Pedro gesagt, erklärt mir die Frau. Morgen hätten sie weder einen Wagen noch Leute zum Aufbauen!

Resigniert wasche ich meine Pinsel aus, stelle Farbnäpfe und Gläser, die auf dem Podest herumstehen, zusammen.

Noch ehe ich geklingelt habe, öffnet Mirjam die Tür. Oma langweilt sich wieder einige Tage in ihrer Kleinstwohnung.

So, da kommst du endlich! Seit Mittag warte ich auf dich! Ich habe für uns ein Mittagessen gekocht! Schnitzel mit Möhren und Kartoffeln! ruft Mirjam.

Phantastisch, habe ich einen Hunger!

Aber jetzt ist es kalt, ja, kalt! meint Mirjam vorwurfsvoll. Du hast doch gesagt, du kommst gleich nach Mittag!

Mirjam sitzt, während ich esse, neben mir auf dem Sofa.

Ma? Heute, das war, als wenn ein winziger Hauch von Glück um mich wäre! Kai hat mich zum Weihnachtsoratorium in die Kreuzkirche eingeladen. Der Blonde, Hübsche!

WEIHNACHTSBASAR
Dezember 1980

Ein Sonntag im Dezember. Weihnachtsbasar im PUTJATINHAUS. Künstler bieten ihre Arbeiten an. Einen Tag lang können die Leute Bilder, Grafiken, Schmuck oder Keramik kaufen.

Ich habe Drucke für Kinderzimmer mit, auch eine Mappe mit Landschaften. Einige Künstler brachten nur ihre Mappen her, und Frauen der Klubleitung zeigen die Arbeiten. Doch viele Leute kommen nicht nur, um zu kaufen, sie möchten sich auch mit den Künstlern unterhalten und fühlen sich enttäuscht, wenn die durch die Presse angekündigten Maler und Graphiker nicht anwesend sind.

Mara ist da und hat einige Minitextilien – kleine, aus Stoffen gefertigte Bildkompositionen – mit, möchte sie aber gar nicht verkaufen. Auch eine andere Künstlerin möchte die Porträtstudien ihres Hundes nicht verkaufen. Die Kinder hätten geheult zu Hause, erzählt sie. Hoffentlich kaufe sie keiner! Aber wiederum brauche sie ja auch Geld!

Nachmittags erleben wir eine lustige Geschichte. Ein kleines Mädchen kämpft um eine Linolschnittkatze von mir.

Meine Miez, meine Miez, sagt sie zärtlich.

Die Eltern nehmen die Hände des Kindes und wollen es weiterziehen. Die Kleine stemmt sich dagegen, zeigt auf die Katze: Meine Miez! Meine Miez!

Die Eltern bleiben bei mir stehen.

Ja, eine hübsche Katze, geht die Frau auf das Kind ein.

Eine sehr hübsche Katze, wiederholt der Vater.

Sie wollen weitergehen zum Keramikstand. Da klingt es laut und kläglich durch den Raum: Meine Miez!

Verlegen gehen die Eltern, das Kind hinterherzerrend, weiter. Die Leute wenden sich nach ihnen um, warten interessiert, wie der Kampf ausgehen wird.

Sie kann nicht alles haben, was sie sich einbildet! sagt die Frau laut und konsequent und läuft mit energischen Schritten weiter. Die Umstehenden lächeln. Die Eltern bringen das jammernde Kind aus dem Raum.

Die Frau ist wieder hereingekommen. Sie betrachtet in Ruhe die überall ausliegenden Arbeiten. Die Leute schauen sie vorwurfsvoll an. Im Begriff hinauszugehen, zögert die Frau und bleibt bei mir stehen. Leise sagt sie: Die Katze, bitte!

Ich wickle sie ihr ein.

Die Frau sagt: Sie bekommt die Katze zu Weihnachten!

Ich sage: Das Gesicht möchte ich sehen!

Sie ist immer so! sagt die Frau. Wenn sie etwas will, kann sie ganz unausstehlich werden!

Das hat auch seine guten Seiten, entgegne ich.

Die Frau nickt dankbar.

Abends, bevor alle gehen, kommt ein älterer Mann zu mir. Er ist schon einige Male an meinem Tisch vorbeigegangen und hat zugehört, wie ich mit Leuten gesprochen habe.

Vor vielen Jahren, so erzählt er, habe ich einmal bei Ihnen eine solche Katze gekauft. Mein Sohn war damals neun Jahre. Sie hat immer in seinem Zimmer gehangen. Jetzt ist er ausgezogen und hat sie mitgenommen. Wissen Sie, was er geworden ist? Tierpfleger! Ich wollte ihnen das schon die ganze Zeit erzählen. Aber die vielen Leute! Das geht die Leute nichts an!

Ja, sage ich, das geht die Leute nichts an.

Ich bin verlegen. Der Mann drückt mir die Hand.

Mirjam holt mich ab, trägt eine meiner Mappen. Zu Hause nimmt sie das Holzkästchen mit dem Geld aus dem Beutel.

Darf ich zählen?

Mirjam staunt und jubelt: Ma, das reicht ja für einen Plattenspieler! Ma, Ma! Wir können sogar noch einen Staubsauger kaufen!

HIMMELSZIEGEN
Januar 1981

In der Oper male ich jetzt die Flügel der Himmelsziegen. Sie sind aufwendig zu malen; viele Farben und Farbabstufungen. Ich laufe zwischendurch immer wieder zu Lisas Kappe und sehe mir an, welche Farben sie genommen hat, denn dieses Mal stehen am vorgemalten Motiv nicht alle Farbnummern. Kalt ist es, hinter mir offenes Foyer. Es zieht, daß meine Haare flattern.

Du mußt essen, viel essen, sonst bläst dich der Wind weg! ruft Timm von unten.

Sollen wir dich anbinden? ruft Richard, ein älterer Maler.

Mara, die neben mir arbeitet, trägt Wattejacke und Kopftuch. Wir erzählen ein wenig von Weihnachten.

Am frühen Nachmittag steige ich vorsichtig die Hühnerleiter hinab in die Etage der Stukkateure.

Nicht vergessen, heute Abend ist Malzirkel! erinnere ich Timm.

Du, ruft Tilo vom Gerüst, mein Bruder möchte auch gern zum Malzirkel mitkommen! Er hat sich schon Pinsel und Farben gekauft.

Natürlich kann er das!

Er ist ein Schulkind, erklärt Tilo.

Ich habe jahrelang Kinder unterrichtet!

Ich würde gern einmal eine Landschaft aus der Sächsischen Schweiz malen, sagt Timm.

Warum nicht? antworte ich.

Einmal, so berichtet er, während seine Hände die Marmormasse polieren, einmal war ich bofen in der Sächsischen Schweiz. Und es war Regen, seit Tagen Regen. Die anderen saßen in der Höhle und erzählten. Da habe ich meinen Regenumhang genommen und bin aus der Höhle gegangen. Und da war ein Bach. Und ich hab' mich hingehockt an den Bach, die Steine ein wenig verrückt im Wasser. Und dann habe ich Dämme gebaut.

Ganz allein, mitten im Regen, als erwachsener Mensch Dämme gebaut. Das hat mir Spaß gemacht.

Timms freundliches Gesicht strahlt. Dann erzählt er weiter, und sein Gesicht wird verlegen. Ich dachte, ich wäre allein. Ich habe nichts, gar nichts gehört. Das Wasser, weißt du, und der Regen. Von irgendwo sind sie gekommen. Fast dreißig Leute mit Regenschirmen, auf einmal standen sie hinter mir. Ich weiß nicht, wie lange sie schon gestanden haben. Auf einmal lachten sie los. Lachten mich aus! Na ja, ein erwachsener Mann, der im Regen Dämme baut! Da haben sie eben gelacht!

Timms Gesicht scheint jetzt grau. Es sieht ohnehin immer etwas grau aus, graurosa oder graugrün, je nachdem, wie die Säule oder Balustrade getönt ist, die er gerade bearbeitet. Sie haben gelacht, wiederholt er.

Sie sind zu bedauern, sage ich.

Am nächsten Morgen sitzen Mirjam und ich im Zug nach Berlin. Mirjam wurde zu einer Voreignungsprüfung an die Schauspielschule eingeladen.

Die Bewerberinnen und Bewerber – Schulkinder mit und ohne Elternbegleitung – werden in Spielgruppen eingeteilt und gehen dann mit Regisseuren davon. Ich sehe mich unterdessen im kleinen Vorort von Berlin um, kaufe Semmeln und Wurst fürs Wochenende. Als ich in den Speisesaal zurückkomme, schwirren sie eben wieder herein, Mirjam und die Kinder, die zusammen mit ihr getestet wurden. Sie haben Mirjam in ihrer Mitte und reden gleich auf mich ein: alle seien sie als geeignet befunden worden, nur Mirjam nicht!

Und dabei, so erzählen die Kinder, war Mirjam die Beste von uns! Sogar der Regisseur hat es gesagt: Mirjam ist die Beste!

Aber sie wurde nicht genommen, weil sie die vorgetragenen Texte nicht selbst erarbeitet hätte! erzählt ein Mädchen. Das war ganz gemein von dem Mann!

Die Kinder streicheln Mirjam.

Sie war zu gut, verstehen Sie, zu gut, sagt ein hübscher Junge zu mir. Wir haben zusammen gespielt, Mirjam und ich! Warum hat er Mirjam nur nicht geglaubt, daß sie die Texte selbst erarbeitet hat? Ehrlich, sie war die Beste von uns! Der Regisseur muß einen Zacken haben!

Als die S-Bahn naht, wollen wir uns von den Kindern verabschieden, doch sie bestehen darauf, uns bis zum Ostbahnhof zu begleiten. Ich will sie davon abhalten, denn ich weiß unterdessen, sie wohnen alle nicht in Berlin.

Wir bringen Euch zum Zug! erklären sie. Unsere Züge fahren doch erst später!

Am Ostbahnhof tauschen die Kinder ihre Adressen aus.

Ma, warum hat mir der Regisseur nur nicht geglaubt? fragt Mirjam, als wir im Zug nach Dresden sitzen. Und warum hat er dich nicht gefragt?

Vielleicht war das gar nicht der Grund seiner Ablehnung, sage ich.

Mirjam schweigt.

FASCHING
Februar 1981

Als ich in hohen Stiefeln, Babetts Kinderrock und mit Zöpfen die Oper betrete, stellt sich einer vor mich und weist mit dem Kopf in Richtung Ausgang. Erkennt er mich nicht, der Weißhaarige mit dem jungen Gesicht? Endlich! Sie ist da! schreit auf einmal Tilo. Ein Klatschen folgt. Und dann komme ich mir wie der Rattenfänger von Hameln vor. Immer mehr Arbeiter steigen hinter mir die Treppe hoch, lärmen, stoßen sich an und lachen.

Mara hat gesagt, wenn du kommst, geht's los! erklärt mir Tilo.

Als Mara uns sieht, steigt sie vom Podest und wäscht die Pinsel aus. Sie breitet eine Tischdecke über mein Podest, hebt das ihre an: Brot, eine Schüssel Fett, eine Flasche. Dann schneidet sie Stullen, ich bestreiche sie.

Hagen, ein studierter Restaurator, kommt mit Lisa die Stiege herauf. Lisa verbirgt ihr Gesicht hinter einer scheußlichen Maske. Außerdem hat sie einen überdimensionalen Busen vorgebunden. Die Männer grabschen.

Da seht ihr mal wieder, meint Lisa, das Gesicht kann noch so blöde sein, Hauptsache, der Busen ist groß!

Alle lachen und klatschen. Wir stoßen miteinander an.

Neben mir auf dem Podest sitzt Ulliboy. Sonst ist der Junge schweigsam, heute erzählt auch er. Erzählt mir, wie er zur Oper kam. Nachdem er Dekorationsmaler lernte, mußte er gleich zur Armee. Dort hat er immer Wände gestrichen, Wände, Wände. Eines Tages, als der Armeedienst beendet war, wurde er für die Oper ausgesucht. Da durfte er als erstes das Gold, das andere aufgetragen hatten, mit einem trockenen Pinsel überstreichen und den abfallenden Goldstaub in ein Papier sammeln.

Und dann auf einmal, sagt Ulliboy, da haben sie mir ein Brettchen in die Hand gedrückt! Und auf dem Brettchen war ein Blatt Gold! Ich! So eine schöne Arbeit! Vergolden durfte ich!

Ulli lacht mich aus seinen warmen, braunen Augen an: Mein Freund, sagt er, der geht jetzt zur Marine. Eigentlich wollten wir zusammen gehen. Sicher gehe ich später auch. Aber jetzt kann ich nicht fort. Die Oper muß erst fertig werden!

Mara stößt mich an: Du verdreh' dem Ulli nicht den Wuschelkopf!

Ulli erzählt weiter: er wohnt noch zu Hause bei seiner Mutter. Dort ist es traurig, sagt er. An der Oper ist es schön. Seit das mit meinem Bruder war, ist sie so, die Mutter. Nie soll ich fortgehen.

Sein Bruder ist verunglückt, flüstert Tilo mir zu.

Ich streiche Ulli über den Kopf.

Mittags gehen wir ins ITALIENISCHE DÖRFCHEN essen. Ulli holt ein Mittagessen für mich. Wo er die Essenmarke her hat, weiß niemand, die anderen

Künstler sitzen bei Kaffee und Kuchen. Nach dem Essen wollen wir im Künstleratelier weiterfeiern. Ich sage Mara, ich müsse vorher nur kurz zur Sempergalerie laufen, um zu telefonieren.

Was? Jetzt? wundert sich Mara.

Ich muß Pedro anrufen, erkläre ich ihr, hab' schon die ganze Woche versucht, ihn zu erreichen. Hoffentlich hat er den Auftrag bis Jahresende angemeldet!

Nein, mein Auftrag für farbige Druckgraphiken sei noch nicht angemeldet, erklärt mir Pedro. Es sei wichtig, daß ich erst einen gesellschaftlichen Partner für den Auftrag fände! Er habe da auch einen Vorschlag.

Im Künstleratelier öffnet Hagen die Rotweinflaschen. Phantastisch ist das Atelier geschmückt! Lisa, Hagen und Willibald, unser ältester Maler, sind Meister im Verzaubern von Räumen! Auf dem großen Holztisch Berge von Pfannkuchen, Schwarzbrote, Mohnbrote, Bäckersemmeln, Schüsseln mit Hackepeter und Schabefleisch. Ein hochgewachsener langhaariger Maler, den wir den Grafen von Monte Christo nennen, holt einen Recorder aus seinem Auto. Tanzmusik schallt durch den Raum.

Alle tanzen los, mit Partner oder ohne. Mara hängt in den Armen des Grafen, Lisa gleitet mit Hagen dahin, – Lisa ganz in violett mit weißer Federstola, Bohéme der zwanziger Jahre. Ich tanze mit Ulliboy. Timm schwirrt durch die Tanzenden, tanzt und futtert und trinkt. Tilo singt.

Dann verläßt einer nach dem anderen das Atelier. Mara und ich räumen noch etwas auf, dann schließen wir das Atelier ab und gehen zur Straßenbahn.

Als ich nach Hause komme, sitzt Mirjam in meinem Hochzeitskleid aus weinrotem Samt und schreibt in ihr Tagebuch.

Wie war's zur Schuldisko?

Mirjam zieht die Augenbrauen hoch und schleudert das lange dunkle Haar zurück: Ich war gar nicht!

Nicht?

Kai und ich, wir sind in den Straßen spazierengegangen mit lauter kleinen Jungen. Und vorher ging's treppauf, treppab, von einem Freund zum anderen. Kai hat mich gezeigt. Mirjam beißt sich auf die Lippen.

Und was haben sie gesagt, die Freunde?

Nichts, antwortet sie, geguckt haben sie, geguckt.

PROBLEME MIT DEN PUTTEN
März 1981

Durch den Zwinger laufe ich zur Oper. Der Zwingerteich ist gefroren. Enten spazieren übers Eis, im Zwinger picken die Tauben im Sand. Vor der Gemäldegalerie wie immer eine Menschenschlange; die Galerie öffnet erst um zehn. Ich höre die verschiedensten Sprachen, kein Deutsch.

Oben auf meinem Podest betrachte ich das gestern Gemalte: die in der Mitte meines Motivs liegenden Laternen. Eine Woche habe ich schon an ihnen gearbeitet. Sie sind in mehreren Ockertönen und einigen Brauntönen angelegt. Die Plastizität dieser Ampeln entsteht durch verschiedene Farbtönungen von mehr oder weniger breiten Strichen. Nie werden meine Striche richtig gerade. Hagen hat mir schon einige Male gezeigt, wie man sie zieht. Spielend leicht sieht es aus, schaut man ihm zu. Ich solle mir an beide Enden des Malstockes ein Polster machen, hat er mir geraten.

Eine Woche lang – während der Schulferien – war Mirjam mit an der Oper. Während ich mich mit meinen Laternen quälte, stand sie neben mir auf der Fußbank und malte die das Motiv begrenzenden grünen Zöpfe. Erst mischte sie mit mir die Farben, dann nahm sie den Malstock und begann. Hatte sie gar keine Angst vor der leeren Fläche? Das Malen schien ihr Spaß zu machen, und auch die Leute hier gefielen ihr, nahmen sie doch Anteil an ihrer Enttäuschung, daß man sie beim Voreignungstest an der Schauspielschule nicht genommen hatte. Mach dir nichts draus, Mädel, hatte Richard gesagt, wer weiß, wozu es gut ist! Nun geht Mirjam wieder zur Schule, und ich male hier ohne sie.

Mit einem Verkleinerungsglas betrachte ich meine Laternen, teste sie auch seitenverkehrt im Spiegel. So erkenne ich, wo sie noch Beulen haben und finde heraus, wodurch.

In den vergangenen Tagen hat mich Ulli manchmal an meinem Arbeitsplatz besucht. Brauchte ich Leim, brachte er welchen: Ich hab' dir schon Wasser untergemischt, kannst ihn gleich in die Farbe gießen! Auch heute brauche ich Leim.

Suchst du Ulli? fragt Timm, der Stukkateur. Ulli ist für einige Zeit nicht an der Oper. Muß ein Wohnheim vorrichten!

Ein Wohnheim? Ganz allein? frage ich.

Ja, antwortet Timm.

Da wird er das Sprechen noch ganz verlernen, sage ich.

Richard winkt: Brauchst du Leim, Mädel?

Ich will heute mit dem Malen der vier kleinen Putten beginnen; suche mir die Inkarnat-Töne zusammen, erstes Inkarnat, zweites, drittes, dazu zwei

Lichter und zwei Schattentöne, fülle Farbe in Gläser und sumpfe sie ein. Den ersten Fleischton meiner kleinen Putten leime ich und beginne die Figuren anzulegen. Bei den Füßen angelangt, stutze ich. Die Putten sitzen auf vasenähnlichen Gebilden, Beine und Füßchen sind gestreckt. Auf einmal wird mir klar: bei einer so vorgegebenen Haltung der Beine kann man unmöglich die Fußsohlen sehen!

Mit Pinsel und Malstock laufe ich zu Lisas Kappe, sehe, sie hat die Füßchen so verdreht gemalt. Ich male die winzigen Füße meiner Putten, wie ich sie für richtig halte.

Nachdem ich vom zukünftigen gesellschaftlichen Partner die Zusage erhalten habe, meinen Auftrag zu betreuen, rufe ich Pedro an und bitte ihn, den Auftrag nun anzumelden.

Um ihn anmelden zu können, benötige er eine geistige Konzeption, erklärt Pedro.

Die geistige Konzeption für einen Auftrag werde üblicherweise nach Vertragsabschluß und gemeinsam von Auftraggeber, Künstler und gesellschaftlichem Partner erarbeitet! Auf diese Weise sei jeder der Vertragspartner abgesichert! erwidere ich.

Machst du die Konzeption oder nicht?

Was tun? überlege ich, als ich mit der Straßenbahn nach Hause fahre. Die Graphiken sind gedacht für einen 50. Jahrestag; dieser ist nicht verschiebbar. Farbgraphik bedeutet aber, daß ich für jedes Motiv mehrere Druckstöcke schneiden muß, denn jede Farbe benötigt ihren eigenen Druckstock. Und danach muß alles mit der Hand – wie im Mittelalter – Farbe über Farbe gedruckt werden. Und dann brauchen die Drucke Zeit, um zu trocknen. Was soll ich tun mit dieser Konzeption?

ATELIERBESUCH
März 1981

Ich bringe dir ein Stück Frühling mit, sagt Edward und überreicht mir einen Kirschblütenstrauß. Ja, heute kommen sie zu mir zum Atelierbesuch, Mara und einige Maler und Stukkateure der Semperoper. Mit glänzend sauberen Gesichtern, strahlend, stehen sie vor meiner Tür: Richard, Edward und Ulliboy. Sonst sind ihre Gesichter meist mit Farbe beschmiert, manchmal sogar vergoldet.

Interessiert schleichen meine beiden Katzen um die sechs Männerbeine. Nachdem die Männer die Schuhe ausgezogen haben – ich kann sie nicht daran hindern –, konzentrieren sich die Katzen auf die Schuhe. Vorsichtig tappen Richard, Edward und Ulliboy über den Spannteppich ins Atelier. Richard und Edward, die beiden Maler, sehe ich zum ersten Male nicht in Arbeitskleidung. Im Straßenanzug ähnelt Edward noch mehr dem italienischen Filmregisseur de Sica.

Im Atelier gehen sie zu den Fenstern und schauen hinaus. Betrachten dann die Bilder an den Wänden, räumen die ungerahmten, hintereinander stehenden Ölbilder vor und legen sie im Atelier aus. Sie begutachten meinen runden Korbtisch, den ich vor Jahren von meinem Bilderbuch-Verleger für vier Mark kaufte.

Es klingelt: Mara, elegant und mit weißem Rollmützchen, an ihren Armen hängen schwere Beutel. Sie setzt die Beutel ab: ein Topf voll Soljanka, zwei Weißbrote, Wein. Mara zieht den Mantel aus.

Willst du die Mütze nicht absetzen? frage ich.

Oh, vorläufig nicht, sagt sie und spaziert ins Atelier, wo sie mit Hallo begrüßt wird. Ich gehe unterdessen in die Küche, koche Kaffee und schneide den selbstgebackenen Apfelkuchen auf.

Es klingelt wieder: Tilo und Timm. Tilo ebenfalls mit einem Strauß blühender Kirschzweige, Timm mit einer großen Pralinenschachtel. Er wollte schon eher von zu Hause fort, erklärt er, doch er mußte auf seine kleinen Mädchen aufpassen. Er habe seiner Frau gesagt, er gehe zu einer Frauentagsveranstaltung; da habe sie ihm die Pralinen mitgegeben.

Alle lachen.

Nach dem Kuchenessen zeige ich einige meiner Graphiken, Bilder und Zeichnungen und erzähle ein bißchen dazu, wie immer bei Atelierbesuchen. Seit Jahresanfang kommt jeden Monat eine Brigade jenes Betriebes, der meinen Malzirkel bezahlt, zum Atelierbesuch. Ein Unterschied zu diesen Besuchen: es gibt heute kein passives Zuhören, meine Freunde von der Oper sind sofort angeregt, selbst zu erzählen. Wir sprechen über handwerkliche Probleme, aber auch über das Auftragswesen und die Kulturentwicklung im Lande.

Ich kann lange nicht so viele Arbeiten zeigen wie sonst. Mir ist das recht, denn ich zweifle, ob ich das, was ich zum Betrachten anbiete – alles ältere Arbeiten –, überhaupt noch bin. Ehe ich kürzlich wieder mit dem Malen begann, arbeitete ich an Hörspielen und für die Presse. Nun wundere ich mich über meine neuen Bilder: sie sind ganz anders als meine früheren! Wodurch sind sie so geworden? Liegt es an den Farbklängen, die mich täglich in der Oper umgeben, denen ich mich unterordnen muß? Im Farbklang bleiben – ich vermochte das nie, setzte Farben gegeneinander, die nicht zu einem Klang verschmolzen. Ich zögere: soll ich vielleicht auch die neuen Arbeiten, zu denen ich selbst noch keine Beziehung fand, meinen Gästen zeigen?

Ich krame sie heraus und stelle sie an die Wand. Mara und Tilo sind aufgestanden und hocken nun vor den Farbentwürfen, die entstanden sind als Einstimmung in den Kaukasus-Auftrag.

Als du mir von den Arbeiten erzählt hast, konnte ich sie mir nicht vorstellen, sagt Tilo. Ich finde, sie haben etwas Phantastisches!

Nun kniet sich auch Timm vor die Entwürfe. Hast du den Auftrag nun bekommen? fragt er.

Noch nicht.

Ob du da nicht etwas falsch machst?

Ich setze mich wieder zu den anderen. Sie bedanken sich, und wir stoßen miteinander an. Mara sitzt zwischen Edward und Timm; noch immer trägt sie das hübsche Rollmützchen auf dem Kopf. Nun erzählen alle von ihren Familien. Ulliboy spricht von seinen Wellensittichen, die er züchtet.

Soll ich dir einen Vogel schenken? fragt er mich.

Ich habe doch Katzen! erwidere ich.

Wir bringen den großen Soljankatopf zum Herd, sitzen dann enggedrängt um den kleinen Tisch und löffeln die rote Suppe.

Timm erzählt von unserem Malzirkel. Meine Schüler haben jetzt Entwürfe für Linolschnitte gemacht und danach die Entwürfe auf Linoleum übertragen. Er habe schon einen Entwurf geschnitten, verkündet er.

Timm ist allen voraus, sage ich, er ist wie besessen!

Timm seufzt: Ja, aber die Frau hat für mein Hobby kein Verständnis. Wenn es etwas einbrächte, dann ja. Aber so!

Geld verdiene ich doch den ganzen Tag, erwidert Tilo, abends will ich etwas anderes tun, nicht ans Geld denken! Mir genügt es nicht, Handwerker, ein einfacher Maler zu sein, ich möchte ein bißchen mehr erreichen im Leben! Vielleicht bewerbe ich mich an der Fachschule für Restaurierung in Potsdam!

Willst du wirklich? fragt Timm. Du hast doch auch Familie!

Tilo zuckt mit den Schultern.

Na, für mich ist das nichts mehr, meint Timm. Drei kleine Mädchen, da muß Geld her! Ja, früher, da habe ich mich auch beworben, wurde aber abgelehnt.

Wenn ich abgelehnt werde, bewerbe ich mich im nächsten Jahr wieder, entgegnet Tilo.

Timm schüttelt den Kopf: Entweder – oder. Entweder Familie oder Studium.

Hoffentlich zieht meine Frau mit, sagt Tilo.

Entweder – oder, wiederholt Timm. Ich sehe das an meiner Schwester. Eine gute Ärztin, sagen die Leute, aber eigentlich hatte sie sich ihr Leben anders gedacht. Mann und Kinder. Viele Kinder.

Schwierigkeiten in einer Ehe ergäben sich oft aus dem Beruf der Frau, sagt der ältere, rundliche Richard. Nicht, daß die Frau keinen Beruf haben solle, sie solle ja nicht versauern, und das Geld werde auch gebraucht! Doch alles müsse sein Maß haben. Geregelter Feierabend auf alle Fälle.

Das habe er seiner Schwester auch immer gesagt, meint Timm. Zehn Jahre Studium. Nie Feierabend.

Die Schwierigkeiten in einer Ehe lägen sicher auch in der historischen Gebundenheit an bestimmte Rollen begründet, wende ich ein. Diese Gebundenheit werde sich lockern mit der Zeit; viele junge Leute wären schon anders. Da lebten nicht nur Frauen für die Träume ihrer Männer, da lebe auch schon mal ein Mann für den Traum seiner Frau!

Einige lachen.

Mara stößt Ulli an: Na und du? Wie stellst du dir dein Leben vor?

Alle schauen zu Ulli. Wir beide hatten uns oft darüber unterhalten. Ich hatte gesagt, ich fände es gut, wenn ein Mann selbständig alles könne, da müsse er sich nicht verkaufen für das, was er nicht könne, aber brauche. Sieh zu, daß du kein Pflegefall wirst, hatte ich ihm geraten. Was würde Ulli jetzt sagen?

Ulli lächelt und sagt nichts.

Themenwechsel! schlägt Tilo vor. Wer kennt eine lustige Geschichte? Ich!

Und Tilo erzählt: Kollegen hätten einen Mann losgeschickt, um eine große Platte zu holen; kurz nach dem Frühstück sei der gegangen, zum Mittagessen sei er immer noch nicht zurück gewesen. Wir wunderten uns, sagt Tilo, denn die Platte befand sich ja auf der Baustelle! Nach dem Essen sind wir dann los, ihn zu suchen. Auf einmal hören wir einen schwachen Hilferuf aus dem Erdboden. Der Mann war, die Platte auf dem Kopf, in eine Baugrube gefallen und hatte die Grube mit der Platte gleich abgedeckt! Da er sich verletzt hatte, war er nicht imstande, die Platte hochzustemmen.

Nun fällt Timm eine lustige Geschichte ein: Wißt ihr noch, wie ich Oper gespielt habe? Zwei Etagen bin ich runtergefallen, mit Säge unterm Arm und Handwerkskasten!

Mirjam kommt mit Kai.

Oh, deine Tochter! Lange nicht gesehen, Mirjam! Wie geht's in der Schule?

An der Oper war's schöner, antwortet Mirjam.

Kai steht neben ihr und betrachtet die Bilder an den Wänden. Dann zeigt er auf eins meiner neuen Bilder: Das blaue dort gefällt mir! Haben Sie das gemalt? Er tritt näher heran. Stark! sagt er, tritt wieder zurück und schaut.

Alle schweigen blicken den Jungen an.

Komm, Kai! Mirjam zieht ihn aus dem Atelier.

Ein schönes Paar, sagt Mara versonnen.

WOCHENENDE
Mai 1981

Ich habe plötzlich Lust zu malen. Sonnabend ist es. Zwei Tage hätte ich Zeit, dank Oma-Elisabeth, die sich um Essen und Haushalt – Sklavenarbeit nennt sie das – kümmert.

Da kommt Babett: Mutsch, du mußt am Wochenende unbedingt mit meinem Bus mitfahren! Und du auch, Mirjam! Nehmt euch ein Beispiel an Oma! Sie war schon zweimal mit!

Schularbeiten, Literatur! entschuldigt sich Mirjam.

Trauerkloß! sagt Babett verächtlich. Gib doch Oma etwas zu arbeiten! Sie hat immer die Literatur für mich gemacht! Stimmt's, Oma?

Oma-Elisabeth sitzt am Tisch, eine Trauerkarte in der Hand. Die Frau vom Vorsitzenden der Volkssolidarität sei gestorben, sagt sie, seine zweite Frau. Die erste wäre beim Angriff umgekommen und drei Kinder mit ihr. Die anderen vier hätte er sich nach dem Krieg aus Kinderheimen zusammengesucht. Irgendwann hätte er die Freundin seiner Frau getroffen, die wäre auch mit drei Kindern allein gewesen. Sie hätten geheiratet und noch einmal vier Kinder gehabt.

Sie hat immer Kaffee oder Tee gekocht, wenn wir Sitzung bei ihm hatten, sagt Oma-Elisabeth. Man hat sie falsch bestrahlt. Ja, was soll man da schreiben?

Mutsch, noch etwas, Babett sagt es zögernd, ich habe mich von Eberhard getrennt.

Nun sieht Oma-Elisabeth noch ratloser aus.

Berge. Sie gehören zu jener Welt, die mich, meine Grenzen provoziert. Berge malen – ist es nicht, wie Berge besteigen? Schweißnaß Hemd und Stirn, nie gesehenes Licht läßt Augen und Sinne staunen, und mit der Freude, so etwas erleben zu dürfen, wächst der Wunsch, es auf irgendeine Weise – als Bild oder in Worten – zu bewahren! Malen und Berge besteigen – beginnt nicht beides wie ein Rausch? In der Ferne ein Licht. Man möchte hin. Doch der Weg zum Licht wird zur Qual. Keuchend bezwingt man Stein um Stein. Darf vielleicht nur den nächsten sehen, denn sähe man alle, reichte die Kraft nicht aus. Stein um Stein hinan, und dann – die Tür meines Ateliers geht leise auf. Oma-Elisabeth steht, die Klinke in der Hand: Babett wäre enttäuscht, wenn du nicht kämst!

Haltestelle Am Plan im Lockwitzgrund. Busse fahren an mir vorbei. Ein Erinnern: Babett stellt Puppenstühle hintereinander und setzt Puppen hinein. Vor den Stühlen sitzt sie auf Oma-Elisabeths Fußbank, ein Topfdeckel ist das Lenkrad, Schalthebel ein Quirl, Oma auf einem Kissen als

Beifahrer, Mirjam im Puppenstuhl. Fahr' doch mit, Mama! Damals sagte sie noch Mama. Mitfahren? Ich hatte immer zu tun. Auf Babetts Gesicht wandelte sich Kränkung in Mitleid. Arme Mama! Mußte im engen Zimmer hocken, während Babett, Mirjam und Oma in Länder der Träume fuhren, unter Bäumen entlang, roten, blauen mit riesigrunden Blumen, weiter, weiter, arme Mama!

Langsam rollt der gelbe Koloß auf mich zu und hält. Babett lächelt stolzverlegen: Da bin ich, Mutsch!

Ich setze mich vor zu ihr. Der Kastenbus gleitet auf der Straße zwischen hohen alten Bäumen dahin. Naßglänzend die Zweige der Bäume, in ihnen bricht sich das Licht. Nun, in der Sonne, fahren wir wie in einem lichtflimmernden Dom.

Wie fühlst du dich? frage ich, als wir am Endpunkt angekommen sind. Babett sieht mich aus aufmerksamen kühlen Augen an und schweigt. Ich denke: vielleicht spürt auch sie etwas von der Leere, die Menschen überfällt, wenn sie auf irgendeine Art ankommen im Leben. Richte ich es nicht auch immer so ein, nicht anzukommen? Doch das ist es nicht bei Babett. Sie lächelt mit einem Male, tapfer, scheint mir, und sagt: Mutsch, das war meine letzte Fahrt! Übrigens, den Wagen bekomme ich von einem Kollegen, Panoramakinderwagen und preiswert! Kaufst du ihn mir?

Später fahren wir die gleiche Tour zurück. An der Endhaltestelle übergibt Babett den Bus einem Kollegen. Ein anderer Kollege kommt auf uns zu: Lederjacke wie aus Thälmanns Zeiten, lang und ungeschnitten hängt das Haar um ein feines Profil.

Babett stellt uns vor: Mein Lehrfahrer! Meine Mutsch!

Der Mann nickt zerstreut.

Wir gehen mit dem Lehrfahrer zur Straßenbahn. Babett will nach Hause in Omas Kleinstwohnung. Ich möchte zu meinen Bergen zurück. Ungewiß, ob sich Wissen und Gefühl wieder fügen jener Stimmung, die in mir war, als ich zu malen begann.

SOMMERTAGE
Mai 1981

Heute bringe ich an der Oper Kilometer hinter mich. Ich räume alle Farbgläser von meiner Zweierkappe zur Viererkappe. Man muß vorsichtig laufen, denn die Bretteretage wackelt bei jedem Schritt, und ich möchte die Malenden nicht zu sehr stören. Achtgeben muß ich auch, daß ich nicht in den herumliegenden Schnuren der Scheinwerfer hängen bleibe wie neulich ein stellvertretender Minister. Der Minister hat gelacht, nur seine Begleitung schaute uns mißbilligend an.

Heute Wandertag? fragt Hagen.

Ich verbringe Stunden wandernderweise. Als ich zuletzt noch meine Fußbank, den Malstock und einen kleinen Wassereimer geholt habe, lasse ich mich neben meinen Malutensilien auf das Podest sinken.

Geschafft und dennoch nichts geschafft, sage ich mit einem Blick auf die zwei hell grundierten Kappensegmente meiner Viererkappe zu Edward und Tilo.

Beide nicken verständnisvoll.

Und wann werden die anderen beiden Segmente meiner Kappe grundiert? frage ich.

Keine Ahnung, antworten sie. Es sei ja alles noch feucht vom Wolkenbruch im November. Erst müsse das Dach repariert werden, dann das Gemäuer austrocknen. Danach kämen die Stukkateure, und nach ihnen kämen sie, die Maler, und grundierten die Flächen. Das könne ein Jahr oder länger dauern.

Ich weiß, das ist sehr ungünstig für mich. Wenn eine Kappe vier Segmente hat, malt man am besten erst eine Farbe in allen Segmenten durch, erst dann malt man die nächste Farbe. Ich beginne immer mit den grünen Zöpfen, die die einzelnen Segmente begrenzen. In den Flächen male ich zuerst die Ockertöne. Ich kann das jetzt alles nur auf zwei der Flächen tun. Es wird schwer sein, in einem Jahr oder später die gleichen Farbnuancen zu treffen. Leider kann ich jetzt auch nur drei Wochen hier arbeiten, denn dann wird erst einmal abgerüstet. Und danach wird mir – wer weiß, wie lange – die unfertige, nasse Ecke anhängen.

Am nächsten Tag ist für alle Künstler, die im oberen elbseitigen Treppenvestibül gearbeitet haben, Endabnahme, für alle, außer für mich. Die Abnahmekommission braucht viel Zeit, muß sie doch alle Kappensegmente im einzelnen und zugleich als Detail des Ganzen werten. Sie nehmen auch meine Zweierkappe ab, an der Mirjam mitgemalt hat. Die Füßchen meiner Putten, die ich veränderte, werden nicht beanstandet.

Nach der Abnahme beginnt emsiges Treiben. Alle Künstler sollen ihre

Arbeitsplätze frei räumen. Dutzende Farbgläser werden in Kisten gepackt und die Hühnerleiter hinunter balanciert. Da für einige Künstler mit dem heutigen Tag die Mitarbeit an der Oper beendet ist – zumindest für einige Zeit –, geben sie mir, die ich später hier im elbseitigen Treppenvestibül weitermalen muß, ihre Farben.

Über dem Bauplatz liegt ein Duft von Sommer.

Urlaub müßte man haben, seufzt ein Zimmermann, der vor der Oper Balken zersägt.

Tilo, der meine Farbenkiste trägt, sagt zu ihm: Sie fährt noch heute Abend in die Mala Fatra! Stimmt's?

Morgen früh bin ich schon dort! füge ich hinzu.

Weißt du, Tilo, erzähle ich, während wir zum Atelier laufen, auf den Bergen liegt noch Schnee, aber unten im Vratna-Tal blühen Himmelschlüssel und Enzian. Und wenn wir mit den Bussen hochfahren zu den Bergen, so sehen die Berge nach jeder Kurve anders aus. Erst grau, dann werden sie blau, und das Weiß leuchtet auf ihnen als graphische Struktur! Ja, und zu beiden Seiten der Autostraße blühen die Apfelbäume!

Hör' auf, ich werde verrückt! ruft Tilo aus. Ich habe mit meiner Frau gesprochen: nächstes Jahr fahren wir mit! Und dann gehen wir zusammen malen! Weißt du, wenn sie euch Künstlerinnen erst kennenlernt, dann hat sie auch nichts mehr gegen euch! Allerdings, als ich am Wochenende den Linolschnitt geschnitten habe, da war wieder was los! Aber es tröstet mich, anderen geht's ähnlich. Tilo zeigt auf den Strauß gelber Narzissen, den ich trage: Das wird der letzte Strauß sein, den Edward euch mitgebracht hat!

Wieso das? frage ich.

Seine Frau war auf der Baustelle und hat gesagt, wenn er noch einmal so etwas macht wie einen Atelierbesuch, dann wird sie die PGH davon informieren und dafür sorgen, daß er von der Oper fortkommt!

Was! sage ich fassungslos.

Mach' dir nichts draus, die Leute denken eben so über euch Malerinnen! Was ich noch sagen wollte: wenn du zurück bist, suchen wir dann die Arbeiten für meine Bewerbung heraus?

Ich nicke.

Übrigens, den Kaukasus-Auftrag, hast du ihn nun? fragt Tilo.

Nein.

Paß auf, du! Besorgt sieht er mich an.

Vom Urlaub zurück, laufe ich zum Telefon. Pedro? Nicht im Hause. Beim vierten Anruf meldet er sich. Wenn er zum Rat gehen solle, um den Auftrag anzumelden, sei es von Vorteil, er könne mit konkreten Entwürfen aufwarten! Er bitte um einige Entwürfe.

Mich verblüfft die Selbstverständlichkeit dieses Ansinnens. Immerhin hat ein Künstler mit der Vorlage konkreter Entwürfe zwei Drittel seines Arbeitsvertrages erfüllt, zwei Drittel des Honorars stünden ihm bereits zu! Das versuche ich Pedro darzulegen, begreife aber sofort, Worte erreichen ihn nicht. Doch es gibt nicht nur eine Welt der Worte, es gibt – glücklicherweise – auch eine Welt der Farben und Formen.

In der Bibliothek wähle ich Bücher und Bildbände über Expeditionen ins Eis. Welt voller Härte und Pracht! Eine Eissonne – winzige Gestalten als Teil eines Unten, kaum unterscheidbar die Gestalten vom Eis. Irgendwo oben strahlt sie, wie ein Windrad flackernd. Weit ist sie von den Menschen entfernt, unendlich weit. Doch die Winzigen wollen zu ihr, – helle Formen scheinen hinaufzuführen, doch ganz kommt der Blick nicht hoch. Es bleibt oben die Sonne, und es bleiben unten die Menschen, die das Unmögliche wagen. Aber wer das nicht hat, das Unmögliche in Frage zu stellen, ist der ein Mensch?

Gletscherspalten, sich nach oben öffnend wie Blumen. Doch innerhalb der Bildkomposition sind sie das Formelement, das schwer nach unten zieht. Gebilde wachsen, die mich erstaunen. Gut oder schlecht? Ich weiß es nicht.

Pedro sitzt im Korbstuhl auf meinem Balkon, als ich vom Einkaufen zurück komme. Wäre ich bereit, das vorgegebene Thema einmal ganz anders, nicht als farbige Druckgraphik, sondern in Form von illustrativ-nacherzählenden Zeichnungen zu gestalten?

Wieso plötzlich keine Druckgraphik? frage ich verblüfft.

Ganz einfach: Wir brauchen keine! Was wir brauchen, sind illustrativ-nacherzählende Zeichnungen des vor fünfzig Jahren Geschehenen! Bist du gewillt, sie für uns zu machen?

Nein! Bin ich nicht! Komm' ins Atelier und sieh dir meine Entwürfe für Farbgraphiken an!

Pedro schaut auf seine Uhr: Gut, aber schnell! Die Aktentasche unterm Arm, läuft er mir nach.

Gerahmt nun, lehnen sie an der Wand, meine Bilder, meine Welt ohne Worte. Wird er sich einlassen auf sie?

Die Arbeiten hätten schon etwas, gibt Pedro zu. Ja, ganz persönlich würde er sich das eine oder andere Blatt gern aufhängen! Aber persönliche Gefühle stünden hier nicht zur Debatte! Es ginge um die politische Wertung eines Jahrestages!

Pedro versteht mein Schweigen falsch, meint: Anfang September machen wir ein Gespräch im Rat wegen der Illustrationen!

Ein heißer Sommertag. Ich fahre mit Mirjam zur Stadt, um ihr einen Trainingsanzug zu kaufen. Sie mußte den Anzug, den sie bisher trug, an die

Betriebssportgemeinschaft des Dresdner Sachsenwerkes zurückgeben, bei der sie einige Jahre in der Sektion Turnen trainierte. Da ihre Kniescheiben verlagert und alle Bänder überdehnt sind, hat ihr der Sportarzt das Training verboten.

Wir wollen eben gehen, da sehe ich am Eingang einen jungen Mann stehen, der mich an einen Doktor der Technischen Universität, einen Kulturtheoretiker, erinnert, der in unserem Künstlerverband eine Veranstaltung leitete. Sicher bin ich mir nicht, doch da kommt er schon auf uns zu und sagt: Ich lade Euch ein zu einem Mokka!

In der Gaststätte SZEGED haben wir einen kleinen Tisch für uns.

Soll ich Euch zeigen, was ich im Sportpavillon gekauft habe? fragt er und öffnet den Diplomatenkoffer: Karabinerhaken, ein Seil.

Am nächsten Tag schaut sich der Doktor Bergsteiger meine Arbeiten an, organisiert sie zueinander und erfindet Bildtitel.

Natürlich müssen wir um diese Arbeiten kämpfen! sagt er. Sie sind etwas ganz Neues in der Historie des Bergbildes!

DER VERLAGSVERTRAG
Juli 1981

Spät abends komme ich mit Mirjam von Babett, wir sind in dieser warmen Sommernacht nach Hause gelaufen. Oma-Elisabeth, die uns öffnet, sagt zu mir: Du sollst in die Gaststätte ZUM STERN kommen! Da wartet jemand auf dich!

Wer denn? frage ich.

Oma bietet mir mehrere Namen an, die ich alle nicht kenne.

Ein vornehmer älterer Herr, erklärt Oma.

Allein, am Zweiertisch sitzt Charles, als ich die Gaststätte betrete. Er schaut auf, sagt müde, mit halbverdecktem Blick: Lieb von dir, daß du gekommen bist! Ich muß unbedingt mit dir sprechen.

Es ist kurz vor elf Uhr. Die Gaststätte, meiner Wohnung gegenüber gelegen, wird gleich schließen, deshalb schlage ich vor, daß wir uns in meinem Atelier unterhalten. Vor einem Jahr hatte ich Charles einige meiner Geschichten zum Lesen gegeben, hoffte auf den Rat des erfahrenen Literaten, wie ich zu einem Lektor und einem Verlagsvertrag kommen könnte.

Als Charles in den Fahrstuhl stolpert und von der zuschlagenden Tür fast umgerissen wird, erschrecke ich. Hatte ich nicht in der Zeitung gelesen, er sei sehr krank? Durfte er da trinken?

Im Atelier lehnen noch immer die farbigen Entwürfe, vor ihnen meine knallrote Kraxe, daneben, klein und verschrumpelt, Volleyballschuhe. Ich werde morgen mit Mirjam und unserer Wanderfreundin Liselotte zum Sommerurlaub in die Hohe Tatra fahren.

An diesen Entwürfen hätte ich in den letzten Monaten gemalt, erkläre ich Charles. Der aber starrt auf die Volleyballschuhe und fragt: So etwas ziehst du an? Und – ist das etwa dein Rucksack?

Ich lache und wickle die Flasche, die Charles in der Gaststätte kaufte, aus dem Seidenpapier. Charles setzt sich auf meine breite, mit einem orientalischen Teppich bedeckte Liege und gießt uns ein.

Auf deine literarischen Erfolge! sagt er. Du bist talentiert, bist klüger als alle Autoren hier! Er gießt sich erneut ein und sagt: Du trinkst zu wenig!

Ich sage: Und du trinkst zu viel!

Komm her, sagt Charles, ich wollte mit dir sprechen! Ich bin der Meinung, du brauchst – er stockt und sieht mich durchdringend an – du brauchst jetzt die Betreuung durch einen ordentlichen Lektor! Und natürlich bekommst du einen Verlagsvertrag! Er lächelt charmant: Weißt du eigentlich, daß du eine ganz tolle Frau bist?

Ich lache.

Man spricht von dir in den höchsten Kreisen!

Ich lache noch mehr.

Weißt du, was man von dir sagt?

Danach lache ich nicht mehr, schaue in die vom Kerzenlicht bestrahlten Sommerblumen und frage: Wer hat so etwas gesagt?

Wer? Wer? Einer, der wahnsinnig verliebt in dich ist! Charles greift wieder nach der Flasche.

Schluß mit dem Trinken! sage ich, nehme die Cognacflasche aus seinen Händen und stelle sie hoch auf ein Regal.

Ich erzähle dir jetzt ein Märchen, du magst doch Märchen, höre ich Charles' Stimme: Da war einmal ein Mädchen, das hatte zwei kleine wunderweiße Äpfelchen. Und das Mädchen wußte nicht einmal, daß es Zauberäpfelchen waren!

Das Märchen kenne ich, unterbreche ich ihn.

Du, wenn du mich willst, ich schmeiß' alles hin! Verrückt würde ich vor Freude, murmelt Charles. Wir zwei zusammen! Die ganze Stadt stünde Kopf!

Das Dunkelblau der Nacht gewinnt Konturen, hinter den Balkonblumen schimmert es ein wenig rot, färbt sich leicht zu Orange, als Charles fragt: Wolltest du nicht einen Verlagsvertrag?

Ich schweige.

Und wenn du ohne mich nie zu einem kommen wirst? Was dann?

Dann male ich! Ich male, hörst du? Ich bringe mich nicht um!

Charles scheint verblüfft, murmelt dann: Eigentlich wollte ich Schluß machen, gestern Abend. Da dachte ich an dich! Doch du hast mich auch nicht glücklich gemacht.

Aber du lebst! erwidere ich.

Ich sehe Charles davon gehen. Er läuft, als habe auch er einen Traum zu begraben.

KANDELABER AN DER DECKE DES ZUSCHAUERRAUMES
September 1981

Im September beginne ich wieder, an der Oper zu arbeiten. Ich erhielt einen Vertrag für die Decke des Zuschauerraumes.

Von der Deckenmitte aus führen acht Kandelaber zum Deckenrand. Zusammen mit der sie abschließenden Figur sind sie etwa fünf Meter lang. Zwei dieser Kandelaber habe ich unter Vertrag, zwei meine Studienkollegin Ute. Die restlichen vier gestaltet Hermann, der sie auch entwarf. Günstig ist, daß wir hier die Farben nicht selbst anzumischen brauchen. Hermann hat es für uns getan, wir müssen die drei Grautöne und die zwei Schattentöne nur noch leimen.

Im Atelier treffe ich Mara. Sie entwirft Malereien für die Balkonbrüstungen im vierten Rang und für die zwei Proszeniumslogen. Tilo, der auch an der Decke malt, begleitet mich hoch.

Unter der Decke ist eine Bretteretage eingerüstet, darunter hängt ein Netz. Podeste stehen überall herum, ebenso Stühle und ein Hocker. Auch ein Kühlschrank ist da, ein Tisch mit Elektrokocher zum Aufwärmen des Leimes und ein großes altes Radio.

Hermann begrüßt mich freudig und geht mit mir zu den Kandelabern, die ich malen soll. Zwei seiner Kandelaber hat er bereits fertig. Prächtig sehen sie aus, sehr plastisch und total unübersichtlich, was die Arbeitsschritte betrifft.

Mit Hermann ziehe ich ein Podest unter meinen Kandelaber. Er trägt

vorsichtig den schon angestaubten Entwurf heran. Ich zeige ihm meine vorbereitete Farbe.

Noch zu zäh, meint er und gießt Leimwasser zu.

Als ich die Farbe dann auf die vorgezeichneten Felder malen will – es sind Blätterranken, die den Kandelaber umwachsen –, bin ich entsetzt: die Farbe streicht sich nicht aus, klebt am Pinsel, und es gelingt mir nicht, den Blättern Spitzen zu malen.

Hilfe, Hermann! rufe ich. Das kann doch nicht richtig sein!

Pinsel und Malstock in der Hand, kommt Hermann heran und betrachtet, was ich eben gemalt habe, sagt: Hm. Er läßt sich meinen Farbtopf geben und malt ein Blatt.

Stimmt, sie ist nicht richtig, meint er dann. Hier, nimm meine Farbe!

Hermann ist immer so freundlich und hilfsbereit. Ich kenne ihn schon über zwanzig Jahre. Er hat zusammen mit dem Mann studiert, mit dem ich vor langer Zeit verheiratet war.

Mit Hermanns Farbe geht es wirklich besser. Aber an Deckengewölbe zu malen, ist etwas anderes als an Kappensegmenten. Schon nach den ersten Minuten spüre ich: das Stehen mit erhobenen Armen und nach hinten gebogenem Kopf strengt unglaublich an. Dazu kommt das Unangenehme: die Farbe läuft mir vom Pinsel in den Jackenärmel.

Tilo, der mir eine Weile beim Malen zugesehen hat, bringt ein viereckiges Stückchen Schaumstoff und schiebt es über meinen Pinsel. So werden die Tropfen aufgefangen.

Nachdem ich einige Stunden gemalt habe, wackelt plötzlich das Gerüst. Leute mit Scheinwerfern und Filmapparaten kommen heran. Sie gehören einem Amateurfilmstudio aus Pirna an und drehen einen Dokumentations-Film über den Wiederaufbau der Semperoper Dresden.

Rings um mich stellen sie sich auf, sagen, es freue sie, daß ich eben erst mit dem Malen meines Kandelabers begänne. So hätten sie die Möglichkeit, die einzelnen aufeinander folgenden Arbeitsschritte zu filmen.

Während ich male, stellen sie die Scheinwerfer ein. Noch nie hatte ich so gutes Licht zum Malen! Das Aufnahmegerät schnurrt.

Ich müsse aber kurz nach Mittag gehen, sage ich.

Dann kommen wir morgen früh wieder!

Ich bin erst zu Mittag da, muß früh zu einem Auftragsgespräch!

Ein großer Auftrag?.

Ein schöner. Doch ob es überhaupt zu einem Auftrag kommt, entscheidet sich erst morgen!

Wir halten Ihnen die Daumen!

Ich schaffe es gerade noch, bis dreizehn Uhr im Fachgeschäft für Künstlerbedarf zu sein, kaufe Bogen weißen Passepartoutkartons, denn ich will meine farbigen Entwürfe – meine Welt ohne Worte – auf weißen Karton aufziehen.

Mirjam und Babett sitzen in Mirjams Zimmer auf dem Fußboden und sortieren aus Mirjams Puppenbekleidung die Babysachen heraus, als ich mit meiner großen Rolle ankomme. Sie haben Oma-Elisabeth in das bevorstehende Ereignis eingeweiht. Oma sieht ganz verklärt aus.

Ich schneide dann die Papierbogen ins internationale Ausstellungsformat, klebe meine Tempera-Entwürfe darauf und lege sie im Atelier aus. Ja, ich glaube, ich biete ein Lebensgefühl. Nicht Resignation, nicht Infragestellen des Lebens überhaupt. Doch wird man das in heutiger Zeit nicht vielleicht als zu naiv abtun? Was ist schon Freude? Gilt das überhaupt noch als Wert? Beunruhigend für mich auch die Frage: mit welchen Wertvorstellungen werden mir morgen die potentiellen Auftraggeber gegenübertreten?

Jetzt hätte ich doch beinahe etwas vergessen! ruft Babett plötzlich aus und erhebt sich, als ich zurück in Mirjams Zimmer komme. Geht jemand mit in die Kaufhalle? Ich brauche noch zehn Bockwürste und ein Weißbrot für die Kaffeeküche! Babett betreut jetzt im Endpunkt Kreischa die Kaffeeküche, da sie nicht mehr den Bus fahren darf.

Ich war heute schon einkaufen, sagt Oma.

Ihr nutzt Oma ganz schön aus, meint Babett zu Mirjam und mir. Oma, laß sich die beiden doch mal selbst versorgen! Nach einem Vierteljahr sehen die aus wie aus dem KZ!

Mirjam und ich bringen Babett zum Bus, den Lars, der Lehrfahrer, fährt. Bedrückt stehen Babett und er nebeneinander. Bedrückt gehen auch Mirjam und ich.

Als wir in Prohlis ankommen, finden wir vor unserem Haus mitten auf

der Verkehrsstraße einen Kinderwagen, leer, nur mit Regenschutz. Da es zu regnen begonnen hat, fahren wir ihn in unser erleuchtetes Vorhaus und legen später einen Zettel hinein: Kinderwagen gefunden! Wir sagen auch einigen Nachbarn Bescheid. Als ihn nach Tagen noch keiner abgeholt hat, bringen wir ihn vor unsere Wohnungstür.

Für den Balkon reicht er, meint Oma-Elisabeth.

Meine große Zeichenmappe unter dem Arm, betrete ich Pedros Arbeitszimmer. Noch ist der Herr vom Rat nicht da. Dieser Mann hat schon viele Verträge mit Künstlern abgeschlossen. Vielleicht ist er auf meiner Seite, hoffe ich, als Herr Mothes, den Raum betretend, mich freundlich begrüßt.

Während ich die Arbeiten auf dem Fußboden ausbreite, stehen die Männer, Arme vor der Brust verschränkt, und schweigen.

Es gebe vom Künstlerischen her keinerlei Einwände, stellen dann beide fest. Ja, und auch Herr Mothes würde ganz persönlich gern einige dieser schönen Arbeiten bei sich aufhängen, doch um Persönliches gehe es hier ja bekanntlich nicht. Außerdem habe ihm Pedro von einer ganz anderen Variante erzählt! Von einer, die auch er für besser halte im Hinblick auf die Wichtigkeit des Anlasses! Denn eines könne man nicht verschweigen: die hier vorliegenden Entwürfe seien politisch völlig indifferent, und das entspreche keinesfalls dem hohen politischen Anlaß dieses Jahrestages!

Pedro nickt bedächtig.

Ich wage einzuwenden, die von ihnen gewünschte Variante sei wohl eher eine Aufgabe für die Literatur, nicht aber für die Bildende Kunst.

Und nun streiten wir über Möglichkeiten und Grenzen der bildenden Kunst. Ich versuche, diesen Streit zur Erkenntnis hinzubiegen, daß wir drei eine solche theoretische Frage nicht allein nicht zu klären imstande sind. Die Männer beschließen, eine zweite Aussprache zu diesem Thema zu organisieren und wollen Expeditionsteilnehmer von damals sowie Vertreter des Bergsteigerverbandes dazu einladen.

Ob man denn keine Mitglieder meines Künstlerverbandes oder Kulturtheoretiker hinzuziehen wolle, frage ich verwundert.

Nein! Wozu so groß aufziehen? sagen sie.

Ich bestehe darauf, Bob, den Doktor Bergsteiger, der als Kulturtheoretiker an der Technischen Universität arbeitet, ebenfalls zum Gespräch zu
bitten.

Innerlich aufgebracht verlasse ich mit meiner Mappe den Raum. Erinnere
mich daran, was ich kürzlich über Gottfried Semper las: er wollte eine
neue Art Opernhaus schaffen, aufbauend auf dem Muster der Antike, ein
demokratisches Theater. Doch nur die demokratische Fassade wurde ihm
zugestanden, im Inneren mußte er sich jener Struktur fügen, die veral-
tete Machtverhältnisse spiegelte – Rang- und Logentheater des feudalen
Amüsements. Stein gewordener Widerspruch, unsere Dresdner Oper. Ihr
Schöpfer mußte Zugeständnisse machen, um ein weniges von dem, was ihm
vorschwebte, verwirklichen zu können. Warum ist das heute nicht anders?

In der Oper warten die Kollegen des Filmteams auf mich. Einer wedelt mit
einem Zeitungsausschnitt. Ich lese eine Meldung vom Allgemeinen Deutschen Nachrichtendienst – ADN: In Vorbereitung des 50. Jahrestages der
legendären Kaukasusexpedition hätte die Künstlerin – mein Name – einen
Auftrag für eine graphische Blattfolge erhalten.

Nun? fragen die Männer. Können wir gratulieren?

Noch nicht, antworte ich.

Den Auftrag bekommen Sie nun bestimmt, sagen sie, während sie ihre
Scheinwerfer einstellen. Übrigens, die Aufnahmen von gestern sind gut
geworden! Wir bedanken uns! Und wenn Sie etwas von uns brauchen –
Fotos von der Oper – können Sie haben!

ABNAHME DES DECKENPLAFONDS
September 1981

Als ich den Bauplatz betrete, flattern die hellen Bänder der Richtkrone vor dem blaßblauen Septemberhimmel. Wir treffen uns, obwohl wir sonst an Sonnabenden nicht arbeiten, im Künstleratelier, denn heute ist Abnahme des Deckenplafonds.

Jemand erzählt vom Richtfest, das gestern stattfand; die meisten von uns waren gar nicht eingeladen. Es wäre eine Interimsbühne aufgebaut worden, und der Staatsopernchor hätte darauf gestanden. In dem Augenblick, als der Chor mit Singen begonnen hätte, wäre die Bühne abgesackt, wäre immer schiefer geworden. Schreiend hätte der Chor das Gerüst verlassen.

Da wir bis zum Beginn der Abnahme noch etwas Zeit haben, plaudern wir. Alle beschäftigt die Frage: welche Arbeitsmöglichkeiten wird es für uns geben, wenn die Semperoper fertig ist? Für die meisten von uns ist es ja eine Existenzfrage. Man vermutet, das Schloß werde wieder aufgebaut. Aber wann? Vielleicht sogar die Frauenkirche? Einer weiß, sie zu rekonstruieren, wolle man späteren Generationen überlassen; das Schloß hingegen werde schon bald saniert und danach wieder aufgebaut, 1990 etwa. Wir errechnen unser Alter. Können wir dann noch aufs Gerüst?

Als die für die Abnahme Verantwortlichen kommen, begeben wir uns gemeinsam in die Oper hinein. Heute betrachten wir unsere Decke einmal von unten. Sie ist an einer Stelle frei, denn ein Teil des Bretterbodens wurde abgerüstet, das Netz beiseite gezogen. So können wir unsere begonnenen Malereien sehen.

Bei Hermanns schon fertig gemaltem Kandelaber wird gesagt, die Ornamente im unteren Teil müßten deutlicher herauskommen. Beim Früchtekranz, den Lisa malt, müsse die Plastizität erhöht werden; Semper habe gefordert, der Kranz solle wie aus Stein gemeißelt aussehen.

Ich fotografiere viel: den eingerüsteten Zuschauerraum, Teile der Decke, die Abnehmenden.

Wir steigen dann hoch zur Decke. Der abgerüstete Teil, der von unten frei war, ist abgesperrt. Gerüstbauer, an Bergsteiger erinnernd, turnen um die Gerüste herum. Die Änderungswünsche werden schriftlich festgehalten.

Ute erkundigt sich: Kommst du danach mit auf einen Kaffee in den FRESSWÜRFEL?

Ich müsse sofort nach Hause, sage ich, Oma-Elisabeth habe heute ihren achtzigsten Geburtstag.

Oma-Elisabeth ist froh, als ich gegen halb elf komme. Schon klingelt es – jener Mann von der Volkssolidarität, dessen Frau vor kurzem starb. Er wollte eigentlich mit einer Gruppe von Kindern kommen, sie sollten singen. Das hat sich Oma aber verbeten.

Haben Sie den Glückwunsch im Radio gehört? fragt der Mann.

Welchen Glückwunsch? Oma ist erstaunt.

Ich habe Ihnen gratuliert! sagt der Mann.

Ach, das war doch nicht nötig, meint Oma.

Ich trinke mit dem Mann einen Cognac. Da klingelt es wieder. Der Demokratische Frauenbund Deutschlands, dann eine Kollegin aus Omas ehemaligem Betrieb, dem Kühlhaus Dresden, die Parteigruppe und der junge ABV – der Abschnittsbevollmächtigte der Polizei. Mit allen muß ich trinken, denn Oma trinkt nicht. Ich ordne die Sträuße in Vasen, unterhalte den Besuch und warte sehnlich auf Babett.

Als sie halb zwölf mittags erscheint, bin ich fast betrunken, habe keinen Überblick mehr, wer alles da war, Oma-Elisabeth auch nicht. Aber noch immer sitzt sie fein und adrett im Sessel und lächelt.

Nachmittags kommt Oma-Elisabeths Bruder Franz zu Besuch. Er sieht fast wie Oma aus, ist auch nur ein knappes Jahr älter als sie. Allerdings war Onkel Franz früher blond, Oma hingegen dunkelhaarig. Onkel Franz hat einen großen Garten und immer zu tun. Er unterhält sich ein wenig mit

Oma, einen Kaffee will er nicht, muß gleich wieder weg, denn Tante Luisa, seine Frau, sieht fast nichts mehr. Er freut sich schon darauf, wenn der Garten wieder winterfest ist. Dann fährt er jeden Morgen zum Warenhaus und kauft sich eine Tasse Kaffee und eine Buttersemmel. Onkel Franz war Dozent an der Technischen Universität, ein Doktor der Ökonomie, und beinahe wäre er Professor geworden. Doch da entdeckte wohl jemand, er hätte kapitalistische Nationalökonomie unterrichtet und nicht politische Ökonomie des Sozialismus!

Ehe er in den Fahrstuhl einsteigt, berichtet er Oma noch schnell, wer von den Jugendfreunden verstorben ist und auf welchen Beerdigungen er war. Dann schiebt er sich sein leeres Rucksäckchen über die Schulter und steigt winkend ein.

Später besuchen uns Tante Milli, Omas jüngere Cousine, und ihr Mann. Wie immer erzählen die beiden vom Arbeitertheater des Sachsenwerkes. Der Mann ist an diesem Theater Requisiteur, Tante Milli Garderobiere für die Künstler. Beide sind über siebzig, und sie wollten eigentlich längst aufhören, aber die Theaterleute lassen sie nicht fort. Tante Milli kann erzählen! Sie könnte die Geschichte des Arbeitertheaters schreiben!

Ach, wozu, wehrt sie stets ab, wenn ich es ihr vorschlage.

Immer, wenn sich Tante Milli und Oma-Elisabeth treffen, kommen sie auf Tante Millis Bruder, Omas Lieblingscousin, meinen Onkel Gert, zu sprechen. Versonnen und traurig sehen dann beide aus. Onkel Gert, einst Soldat in Rußland, ist seit 1943 vermißt.

Als der Tag zu Ende geht, atmet Oma-Elisabeth auf.

Fürchterlich! sagt sie. Nur nicht alt werden! Sie lacht. Ihr Lachen ist gar nicht alt.

Babett? Wie geht's dir denn? fragt sie später. Hast du den Kinderwagen gesehen? Ich habe ihn schon gewaschen! Ist er nicht schön? Und ganz umsonst!

EIN SCHWATZ AM WASSERBAD
Oktober 1981

Fast alle Künstler, die an der Decke des Zuschauerraumes arbeiten sollen, sind jetzt da: Lisa und Hagen, ein Ehepaar Dönert, die beiden Gärtners – Vater und Sohn –, der etwas füllige Johannes mit dem schmalem Kindergesicht und der imposante Graf von Monte Christo, der kein Podest mit Fußbank braucht, um zur Decke zu langen. Alle kommen täglich, und da die Farben im Kühlschrank stehen, damit sich der Leimzusatz länger hält, so warten wir, um an das Wasserbad heranzukommen – unsere Farben, die durch die Kälte gelieren, müssen ja wieder flüssig werden. Vorsichtig balancieren wir die Gläschen in das heiße Wasser und achten darauf, daß sie schräg auf einem Holz stehen, denn sonst würde das Glas zerspringen.

Hier am Wasserbad wird nun immer ein Schwätzchen gemacht.

Ute, die ich noch vom Studium her kenne, malt zwei der Kandelaber an der Decke. Seltsam, was meiner zu hell ist, das ist ihrer zu dunkel. Gar nicht einfach herauszufinden, woran das liegt. Immer wieder begegnen wir uns vor Hermanns Kandelaber, der das von der Abnahmekommission bestätigte Leitbild ist.

Was machst du eigentlich jetzt künstlerisch? fragt Ute. Für sie ist die künstlerisch-schöpferische Arbeit immer das Wesentliche, das Geldverdienen kommt danach. An der Oper arbeitet sie nur so viel, daß sie eben mit ihrem Sohn Axel leben kann.

Ich erzähle Ute von meinen Kaukasusentwürfen, beschreibe jene faszinierende Welt im Eis, die Menschen für sich zu gewinnen versuchen und die auch ich für mich und für andere gewinnen und bewahren möchte.

Ein schönes Vorhaben, meint Ute.

Ja, sage ich, nur die potentiellen Auftraggeber lehnen meine Interpretation ab, sie fordern eine illustrative Nacherzählung dessen, was vor fünfzig Jahren geschah! Ich soll gestalten, was sie sich vorstellen! Sprachrohrfunktion für mich!

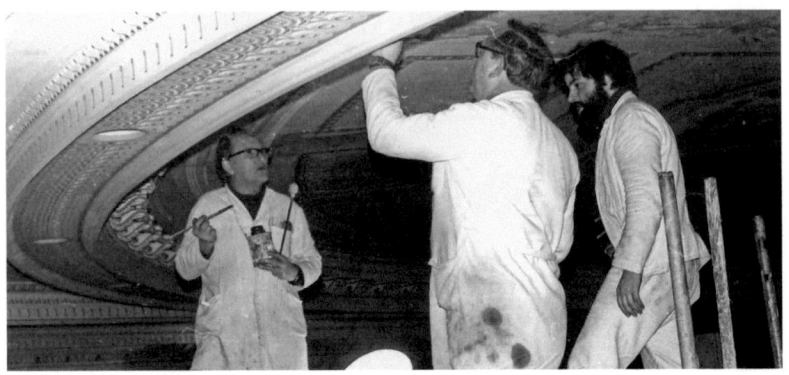

Ute ist empört: Künstler als Sprachrohr der Werktätigen! Das war Kulturpolitik der fünfziger Jahre! Wir leben in den Achtzigern! Du hast nicht nur das Recht, du hast die Pflicht, dich selbst einzubringen ins Kunstwerk!

Natürlich, erwidere ich, nur wurde das einstmals anders gesagt! Und so eine irrige Auffassung hält sich, auch wenn sie offiziell längst revidiert ist.

Mach' die Sachen einfach, wie du sie willst, meint Ute, hast doch deinen Vertrag!

Habe ich nicht! Ein Vertragsabschluß hängt davon ab, ob ich gestalte, was sie sich wünschen!

Bist du verrückt? entfährt es Ute. Du hast die Entwürfe ohne Vertrag gemacht? So ein Risiko! Warum hast du das getan?

Verstehst du, dieser 50. Jahrestag, er ist schließlich nicht aufschiebbar! Und du weißt, wieviel Zeit die graphische Umsetzung braucht! Druckstöcke schneiden, sie drucken! Würde ich erst beginnen, wenn ich den Vertrag habe, könnte ich die Arbeiten nicht bis zum Jahrestag schaffen!

Was geht denn dich der Jahrestag an! ruft Ute aus. Die anderen machen sich nicht halb so viele Gedanken darüber wie du! Und die bekommen ihr Gehalt!

Ich gehe dann zu meinem Kandelaber. Ute kommt mit. Sie will an ihrem vorerst nicht weiterarbeiten, möchte wissen, was Hermann dazu sagt.

Du vertraust den Leuten zu viel, meint Ute.

Ich kann nicht anders leben, sage ich.

Wie geht es eigentlich Mirjam? fragt Ute. Hat sie nach der Ablehnung an der Schauspielschule einen anderen Studienwunsch?

Sie möchte Psychologie studieren.

Nicht schlecht, meint Ute. Axel hat in den Schulferien beim Orgelbau gearbeitet. Wir hoffen, daß er dort eine Lehrstelle bekommt. Weißt du noch, wie er als Fünfjähriger die Orgeln gemalt hat?

Das waren tolle Zeichnungen, sage ich.

Malt Mirjam noch?

Sie schreibt jetzt Gedichte.

DIE OPER IST GEHEIZT
November 1981

In der Oper ist es jetzt immer sehr kalt. Das Thermometer, das in der Mitte des Raumes auf einem Farbentisch steht, steigt acht Grad an. Die Künstler und Maler der PGH malen in Filzstiefeln und Wattejacken. Wir frieren und verlieren aus den steifen Händen zuweilen unseren Pinsel. Haben wir Glück, fällt er aufs Podest. Manchmal jedoch rollt er durch die Lücken der Bretteretage. Dann ist er für immer fort.

Nicht nur uns, auch der Farbe bekommt die Kälte nicht. Haben wir sie im Wasserbad flüssig gemacht, haftet sie nicht an der kalten Decke, sondern geliert schon im Pinsel; es ist eindeutig für Menschen und Farben zu kalt. Da nützt es auch wenig, wenn wir versuchen, uns mit Wodka aufzuwärmen. Schon nach kurzer Zeit, die man hier unter der Decke des Zuschauerraumes zubringt, überfällt einen das Zittern.

Als die Arbeiter vom Mittagessen zurückkommen, schwenken sie eine Zeitung: Leute, habt ihr schon gehört? Die Oper ist geheizt!

Ein vielstimmiges Lachen folgt. Und dann geht eine Flasche von Mund zu Mund. Einer der Arbeiter wird mit der Zeitung zur Bauleitung geschickt. Als er wiederkommt, verkündet er: Ab morgen wird geheizt!

Am nächsten Tag ist die Oper wirklich geheizt. Man riecht es, und auch das Thermometer zeigt es an: zehn Grad. Alle grinsen. Was wollt Ihr denn? Die Oper ist geheizt!

Künstler und Arbeiter beschließen, da heute eine Zwischenabnahme der Decke erfolgt, den Verantwortlichen das Problem – uns und die Farben betreffend – vorzutragen.

Die Abnahmekommission verweilt lange bei uns. Viele, eben begonnene Arbeiten sind im einzelnen zu begutachten, zugleich aber auch im Zusammenhang aller Arbeiten zu werten. Es wird lange geschaut und wenig gesprochen.

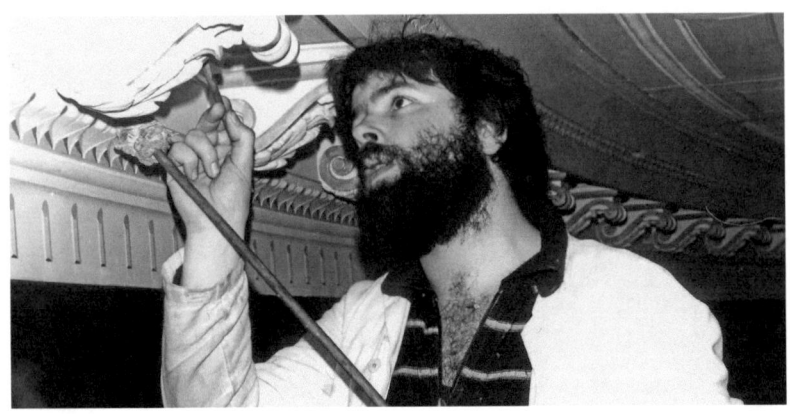

Unsere Kandelaber, gemalt von Ute, Hermann und mir, sind sehr unterschiedlich. Hermann und ich kommen aus der Fachrichtung Graphik, unsere Art, Schatten zu gestalten, ist es, Flächen zu schraffieren. Ute hat Malerei studiert, sie setzt Fläche gegen Fläche. Ihre Arbeit scheint satt und wie aus dem Dunkel blühend. Hermanns Kandelaber ist aber auch noch anders als meiner, obwohl wir mit gleichen Strukturen gearbeitet haben. Hermanns Kandelaber wirkt derber, meiner sehr zart.

Dr. Fichtner kniet lange bei meinem Kandelaber, meint, ich müsse nicht glauben, er sehe nicht, welch schöne Lichtheit mein Kandelaber habe, doch hier an der Decke der Semperoper müßten sich die Kandelaber gleichen. Ich solle meinen an den von Hermann angleichen, denn dieser sei auf Fernwirkung getestet.

Ute ist bedrückt, weil ihr Kandelaber gegenüber Hermanns als zu dunkel eingeschätzt wurde. Ich versuche, sie daran zu erinnern, was sie eigentlich weiß: daß hier an der Decke der Semperoper keine künstlerische Originalität, sondern Unterordnung nötig sei. Und wenn die Abnehmenden etwas kritisierten, dann nicht, um eine künstlerische Leistung in Frage zu stellen, sondern weil sie die verschiedenen Objekte als Ganzes werten müssen.

Ute seufzt: Du siehst das eben alles anders! Du bist anders!

Ute geht kurz nach Mittag; sie leitet einen Kinder-Malzirkel im Pionierpalast. Ich will heute länger bleiben, denn ich möchte bei meinem zweiten Kandelaber die zweite Graufarbe durchziehen. Bis morgen könnte sich die Farbe, die schon ein paar Tage alt ist, bedingt durch den Leim, verändern. Ich komme aber nicht sehr weit. Einige Männer der Bauleitung betreten mit einer Delegation die Bretteretage. Herr Mantius begleitet sie.

Sie erklären den Leuten, was wir tun. Dann stehen einige bei mir und schauen mir beim Malen zu. Als ich sie ansehe, grüßen sie freundlich. Herr Jährig, der Oberbauleiter, bittet mich, ihnen einige Fragen zu beantworten.

Ich steige vom Podest und wasche meinen Pinsel aus. Sie wollen wissen, wie lange ich schon hier an der Oper mitarbeite, was ich von Beruf sei, wie ich die Zusammenarbeit mit den Arbeitern einschätzen würde. Und wie ich mich als freier Künstler – so sagen sie – hier unterordne. Es sind die üblichen Fragen, ich antworte, so gut ich kann. Hebe hervor, daß mir die Zusammenarbeit und der Kontakt zu den anderen viel bedeutet. Erzähle auch, daß einige Arbeiter in meinen Malzirkel kämen und daß einer von ihnen sich noch in diesem Jahr für ein Studium an der Fachschule für Restaurierung bewerben werde. Herr Jährig bedankt sich bei mir, die Gäste verabschieden sich. Herr Mantius bleibt bei mir stehen.

Wo waren die Leute denn her? frage ich.

Die waren vom ZDF.

Ich sage: Aha.

Er fragt: Sie wissen wohl gar nicht, was das ist?

Ich lache.

Was haben Sie denn denen erzählt?

Ich sage: Genau das Richtige!

Am späten Nachmittag gehe ich zu einer Sitzung. Eingeladen hat der Vorsitzende des Festkomitees für das bevorstehende große Sportfest in Leipzig, der Oberbürgermeister der Stadt Dresden.

Pedro hält das Hauptreferat, erwähnt die Vorbereitungen auf dem Gebiet der Bildenden Kunst und nennt das Kaukasus-Vorhaben. Nach ihm spricht der Stadtrat für Kultur als Gast des Festkomitees. Auch er erwähnt in seinem Rechenschaftsbericht meine graphische Blattfolge als »den« Beitrag des Rates zum Fest.

In mir löst sich etwas, als ich das höre. Kaum zu glauben wage ich es: ist nun wirklich alles geschafft? Werde ich den Auftrag erhalten?

Die Läden in der Dresdner Neustadt sind noch geöffnet. Ich kaufe eine Flasche Sekt.

Zu Hause sitzt Oma-Elisabeth niedergeschlagen im Sessel. Sie soll sich in der Medizinischen Akademie vorstellen, wird vielleicht operiert.

WEIHNACHTSZEIT
Dezember 1981

In der Oper bringe ich Tag für Tag meine Frierstunden hinter mich, wärme mich zwischendurch oft bei Mara im Künstleratelier auf. Mara arbeitet hier mit Lisa an Entwürfen für den vierten Rang. Bei einem von früher erhaltenen Foto ist die im Mittelteil der Rangbemalung befindliche Krone kaum erkennbar. Nun hat sich Mara eine Menge Bücher aus der Bibliothek geholt und blättert sie nach Kronen durch. Mehrere Varianten hat sie schon herausgezeichnet.

Es ist kurz vor Weihnachten. Ich habe meine zwei Kandelaber an der Decke des Zuschauerraumes fertiggemalt. Auch Ute hat ihre beendet, ebenso Hermann seine vier. Alle Künstler stehen heute wieder einmal ziemlich untätig und sich Rücken oder Hände reibend auf der kalten Bretteretage. Es findet eine Abnahme der Decke statt, die Endabnahme ist es allerdings noch nicht.

Die Prüfenden schauen und schauen. Kritik bekommt jeder von uns. Meine Kandelaber sind noch immer zu licht, Utes sind optisch noch ein wenig schwer, doch von schöner Plastizität. Es wird festgelegt, daß die acht Kandelaber einander angeglichen werden müssen. Hermanns Varianten sind nach wie vor der Richtwert. Hermann schlägt Ute und mir vor, er werde – wenn es uns recht sei – die acht Kandelaber einander angleichen.

Ich finde es günstig, wenn sie auf diese Weise »eine« Handschrift bekä-

68

men. Ute hingegen fühlt sich durch Hermanns Vorschlag gekränkt, glaubt Hermann würde uns als Künstlerinnen nicht achten.

Das sehe ich anders, entgegne ich ihr.

Ich weiß, sagt Ute, aber überlege: Wer hatte recht bei deinem Kaukasus-Auftrag? Oder hast du inzwischen einen Vertrag?

Noch nicht!

Siehst du, man achtet deine Arbeit nicht und achtet dich nicht!

Nachdem Ute gegangen ist, bessere ich noch etwas an meinen Kandelabern aus, vertiefe einige der Schatten. Da kommt Ulliboy und setzt sich zu mir auf das Podest.

Bist du nicht mit zur Weihnachtsfeier deiner Brigade gegangen? staune ich. Seine Brigade der PGH – Produktionsgenossenschaft des Handwerkes – feiert heute ab Mittag in einer Gaststätte.

Ulli schaut mich aus seinen braunen Augen an, sagt: Ich gehe nicht.

Der Graf von Monte Christo, der jetzt neben mir arbeitet, läßt seine Spieluhr laufen. Zart und blechern zittern Weihnachtslieder und Walzer in den Raum. Als sich der Graf verabschiedet und die Spieluhr mitnimmt, erhebt sich Ulli von meinem Podest und sagt: Ich hole uns ein bißchen Musik!

Er läuft in die Nähe des Kühlschrankes und schleppt von dort das riesige alte Radio heran.

Und warum bist du nicht zur Weihnachtsfeier gegangen? frage ich.

Sie haben mich ausgelacht, sagt er. Schweigt dann.

Wir hören auf die Musik. Ich male das Blattornament zu Ende, das ich begonnen habe. Dann setze ich mich, den Pinsel noch in der Hand, zu Ulli.

Und warum haben sie dich ausgelacht?

Sie hätten zusammen beraten, erzählt Ulli, was sie zur Weihnachtsfeier machen könnten. Da habe er vorgeschlagen: Wir ziehen Lose und beschenken uns! Und da hätten sie gelacht.

Deshalb?

Ja, und jetzt machen sie doch Lose und beschenken sich! Und erst haben sie gelacht!

Sie haben das sicher nicht böse gemeint, versuche ich ihn zu trösten.

Ulli schweigt. Fragt später: Wie lange bleibst du heute an der Oper?

Noch eine Stunde, antworte ich.

Gut. Ich gehe dann mit dir.

Weihnachtsfeier in Mirjams Schulklasse. Ich bin die einzige Erwachsene, nicht einmal die Lehrerin ist da. Hätte ich nicht zugesagt, wäre die Feier ausgefallen.

Es kommt ein Weihnachtsmann mit Geschenken, und eine Versteigerung findet statt. Während die Kinder tanzen, betritt ein Mann den kleinen Klubraum und setzt sich in eine Ecke. Ich gehe auf ihn zu; es könnte ja

sein, er gehört zur Patenbrigade der Schulklasse, die uns diesen Klubraum vermittelte. Dann müßte ich den Mann willkommen heißen. Ich frage, wer und woher er sei.

Dürfe er hier nicht sitzen? Was wolle ich überhaupt von ihm? Der Mann entreißt mir den Fotoapparat. Wir Arbeiter, fährt er fort, wir müssen in diesem Drecksloch von Küche feiern! Los! Kommen Sie mit! schreit er auf einmal. Sie legen jetzt vor meiner Brigade Rechenschaft ab! Eine Frechheit ist das von Ihnen, uns den Klubraum wegzunehmen!

Die Kinder tanzen nicht mehr, stehen um uns herum. Der Mann hält noch immer den Fotoapparat fest, ich habe nur den Riemen. Da sehe ich im Gang einen anderen Mann stehen, sehe, er grinst. Ich gebe Maja, Mirjams Freundin, den Riemen und gehe zu dem Mann im Gang und bitte ihn, den Betrunkenen aus dem Raum zu führen.

Der Mann redet dem Betrunkenen gut zu und löst den Apparat aus dessen Fingern. Nun gerät der Betrunkene noch mehr in Wut. Mit Fäusten will er auf mich losgehen, da steht auf einmal Udo, ein großer und kräftiger Schüler, vor kurzem zum Ordnungschef der Schule bestimmt, neben mir. Der Betrunkene brüllt, er sei ein ehrlicher Arbeiter und kein Schmarotzer wie wir alle hier. Udo und der andere Mann versuchen, den Betrunkenen zur Tür ziehen. Er gehe nur, lallt der, wenn die – er zeigt auf mich – mitgehe! Die solle sich verantworten vor den Arbeitern!

Verzeihen Sie, aber kommen Sie bitte mit, flüstert der andere Mann, wir kriegen den sonst hier nicht raus!

Udo und der Mann zerren den Betrunkenen über den Hof und dann hinein in einen grell erleuchteten Raum. Kein Tannenzweig hier, keine Kerzen, nur Männer um einen Tisch. Ein Älterer erhebt sich, er sieht müde aus. Es ist der Brigadier. Er entschuldigt sich für den Betrunkenen.

Schließt vorsichtshalber oben ab, rät er uns.

Wenig später tanzen die Kinder wieder, lachen und singen. Da klopft es.

Mit Udo gehe ich zur Tür: draußen hängt der Betrunkene in den Armen von zwei Männern.

Er will sich bei Ihnen entschuldigen! sagen sie.

Um neun bitte ich die Kinder zusammenzuräumen. Sie säubern die Tische und kehren den Fußboden. Ehe wir auseinandergehen, rufen sie mich in ihre Mitte. Mit unbeholfenen Dankesworten überreichen sie mir einen kleinen Weihnachtsstollen. Mir kommen fast die Tränen, so geschafft bin ich. Auf dem Heimweg geraten Mirjam und ich in einen Schneesturm. Der Stollen, den ich unter dem Arm trage, zerbricht.

Da nehme ich eine Hälfte gleich mit zu Babett, sage ich zu Mirjam.

Abends um elf bin ich dann bei Babett. Sie bringt mir einen Cognac und fragt: Wann ist denn nun das Gespräch im Rat über deinen Auftrag?

Zwei Tage vor Weihnachten.

Da kommt doch sowieso keiner! Glaubst du etwa immer noch, daß die dir einen Vertrag geben?

Sicher, jetzt glaube ich es! antworte ich und erzähle Babett von der Sitzung des Festkomitees.

Andere werden aus Vernunft klug, du wirst nicht mal aus Schaden klug! wiederholt Babett einen von Oma-Elisabeths Sprüchen, die ich schon als Kind nicht leiden konnte. Dann nimmt sie einen Zettel von Uroma-Linas Vertiko und reicht ihn mir: die Zuweisung von Oma-Elisabeths Kleinstwohnung.

Na, was sagst du nun, Mutsch? Mit neunzehn Jahren eine eigene Wohnung! Das ist mein schönstes Weihnachtsgeschenk!

DAS AUFTRAGSGESPRÄCH
Dezember 1981

Als ich zwei Tage vor Weihnachten mit meiner Graphikmappe zum Rat komme, staunt Herr Mothes: Er sei gar nicht informiert! Er habe ja nicht einmal einen Raum für uns! Schon reißt Pedro die Tür auf. Nach ihm betritt ein feiner alter Herr vom Komitee des Jahrestages das Arbeitszimmer. Er war einer der Teilnehmer jener legendären Kaukasus-Expedition, über achtzig ist der Mann. Danach erscheint Bob, der Doktor Bergsteiger. Zwischen Schreibtischen lege ich meine Entwürfe auf den Fußboden. Der Hausherr eröffnet das Gespräch. Er möchte, sagt er, daß ihm die Anwesenden bei der Beantwortung einer Frage helfen. Er sei der Meinung, den hier vorliegenden Arbeiten fehle der Bezug zum Jahrestag; er glaube aber, es sei unbedingt notwendig, ganz konkret auf das so bedeutende politische Ereignis einzugehen.

Bob, der sich als Wissenschaftler mit kulturellen Prozessen beschäftigt, erinnert an die Breite wissenschaftlicher und künstlerischer Genres, die alle etwas für den Jahrestag vorbereiteten. Innerhalb dieses Ensembles habe mein Beitrag volle Berechtigung, sagt er. Kunst habe eigene Gesetze des Konsumierens, versucht er den Männern einen für sie wohl unüblichen Blickwinkel zu öffnen, und das historisch-konkrete Eingehen auf das damalige Ereignis sei Aufgabe von Wissenschaft und Literatur.

Abwehrend schüttelt Herr Mothes den Kopf: Die Graphiken müßten politisch völlig eindeutig sein, und eben das wären sie nicht!

Sind sie doch! sagt Bob, der Leise, auf einmal laut.

Und nun beginnt etwas, was mich maßlos erschreckt. Pedro beginnt zu schreien, Bob schreit zurück. Herr Mothes klagt, von mir habe man mehr erwartet als solch indifferente Landschaften! Immer neue Argumente bringt Bob gegen die ihren. Hören sie ihm überhaupt zu? Sie werfen Satzfetzen dazwischen. »Politisch zurückentwickelt« – das gilt mir, »der Klassenfeind« – das ist Bob. Der alte Herr schweigt, sieht überfordert aus. Von nun an schweige auch ich.

Man beschließt, meine Arbeiten »höheren Ortes« vorzulegen. Dort solle entschieden werden, ob ein Auftrag oder ein Ankauf oder nichts von beidem zustande käme.

Am letzten Tag des Jahres kommt eine Postkarte. Man habe »höheren Ortes« entschieden, weder einen Auftrag zu erteilen, noch eine der Arbeiten anzukaufen. Diese Arbeiten entsprächen nicht der Wichtigkeit des politischen Anlasses. Ich müsse Verständnis dafür aufbringen, daß der Rat der Stadt nicht irgendwelche Dinge kaufen und verteilen könne!

ENDABNAHME DER DECKE DES ZUSCHAUERRAUMES
Januar 1982

Als ich morgens zur Oper will, treffe ich Ingolf, seit kurzem Sekretär unseres Künstlerverbandes. Ich müsse ihm nichts erzählen, er wisse alles, sagt er. Bob ist noch, ehe er Weihnachten mit seiner Frau Teres in die Tschechoslowakei fuhr, zu Ingolf gegangen. Bob und er sind Freunde, haben Jahre zusammen an der Technischen Universität in der gleichen Sektion gearbeitet.

Ingolf schlägt mir vor, ich solle das Wesentliche des Auftragsgespräches notieren und ihm, wie auch meiner Sektionsleitung Malerei und Graphik des Verbandes Bildender Künstler einen Durchschlag zukommen lassen. Schließlich handle es sich um eine Verfahrensweise einem Künstler gegenüber, die unserer Kulturpolitik widerspreche. Bob als einem Kulturtheoretiker habe er nahegelegt, den Oberbürgermeister der Stadt zu informieren, wie in einer ihm unterstellten Leitung kulturpolitische Prozesse vonstatten gingen.

In der Oper sind schon alle aufgeregt, als ich komme. Nicht nur die Künstler, auch die Abnehmenden. Die Endabnahme der Decke des Zuschauerraumes dauert Stunden. Arbeiter, Künstler und Abnahmekommission stehen frierend herum. Es soll entschieden werden, ob alles miteinander harmoniert oder ob geändert werden muß. Die Bretteretage wimmelt von Leuten. Gegen Mittag ist es dann soweit. Alle Verantwortlichen sind sich einig: die Decke des Zuschauerraumes kann bleiben, wie sie ist!

Der verantwortliche Chefarchitekt strahlt. Er sagt: Ich könnte euch alle küssen!

Lachen folgt. Jemand schreit: Na los! Fangen Sie an! Da lacht der Chefarchitekt verlegen.

Schade, sage ich zu Ute, das Leben könnte viel freundlicher sein, würde man sich öfter küssen!

Ute lacht los.

Am nächsten Morgen gehe ich zeitig zu Babett in die Wohnung. Ritschi, der schwarze Kater, hat die Alpenveilchen, die ich in eine Vase auf den Wohnzimmertisch gestellt hatte, rings um die Vase verteilt.

Ich sauge noch einmal Staub, gebe Ritschi zu fressen und schaue dann zum Fenster hinaus. Es dauert nicht lange, da hält ein Taxi vorm Haus. Mit ziemlich weichen Knien renne ich die Treppe hinunter.

Babett sitzt noch im Auto und bezahlt. Dann steigt der Fahrer aus und reicht mir aus Babetts Armen das Kissenbündel. Vorsichtig zieht er die Decke über das winzige Gesicht.

Es ist kalt heute, sagt er zu mir. Dann gibt er Babett den Koffer. Er verabschiedet sich von ihr mit einem zärtlichen Blick, mir nickt er zu.

Das hältst du nicht für möglich! schimpft Babett, als wir zum Fußweg gehen. Er hat mir gleich angeboten, mit hoch zu kommen! Wollte mir zeigen, wie man das Kind windelt und füttert! Er ist gerade geschieden, dreißig Jahre, hat gefragt, ob wir uns nicht wieder treffen können!

Nun lacht Babett, während sie neben mir her stiefelt. Sie trägt eine kurze karierte Joppe und meine dicken polnischen Hochgebirgsstiefel. Sie sieht wie ein Schulmädchen aus.

Oben wickeln wir unser Baby Angelika aus den vielen Hüllen.

So klein! staune ich. Man hat das einfach vergessen!

Über Mittag will ich kurz zu Oma-Elisabeth und Mirjam.

Soll ich dir inzwischen einen Kuchen backen? fragt Babett.

Streng dich nicht so an! sage ich.

Wenn ich nichts zu tun habe, das strengt mich mehr an.

In Prohlis liegt mein Band Geschichten da, den Charles vor langer Zeit zu lesen versprach. Wie sich nun zeigt, habe ich auch mit meinen Geschichten seine Erwartungen nicht erfüllt. Aufgabe eines Schriftstellers sei heute, sich

gesellschaftspolitischen Problemen zuzuwenden, belehrt er mich. Natürlich könne man auch über Widersprüche zwischen Individuen schreiben.

Ich würde Charles gern fragen: Findest du die Widersprüche, über die ich schrieb, gesellschaftsordnungsneutral? Wird nicht aus ihnen der sich sozialistisch gebärdende Spießer geboren? Und sind diese Leute etwa kein Problem unserer Gesellschaft?

Aber über die Probleme unserer Gesellschaft hat Charles offensichtlich eine andere Meinung als ich und möchte diese auch nicht gefährden. In meinem Geschichtenband schrieb ich über einen Emigranten. Charles urteilt, dieser Emigrant entspreche »in Nichts« unserer Vorstellung von einem Emigranten, und Schreiben habe etwas mit Kenntnis der Wahrheit und Wirklichkeit zu tun.

Darüber ärgere ich mich besonders. Warum soll ich über einen Emigranten schreiben, der so ist, wie ihn sich alle vorstellen? Auch zu dem, was Charles über Liebe schreibt, habe ich eine andere Meinung. Schade, daß sich der Mann so viel Mühe machte, mir auf vier Seiten schriftlich seine Gedanken darzulegen. Schade, daß er meine Gedanken nicht wissen will. Und von einem Verlagsvertrag ist natürlich keine Rede mehr.

Abends bin ich wieder bei Babett. Die Wohnung duftet nach Apfelkuchen. Das Baby schläft im Bettchen. Unter dem Bettchen schnarcht der dicke Kater.

Nach der Zehnuhrmahlzeit legen wir uns schlafen. Das Himmelbett steht neben meinem Sofa, Babett hat sich wieder in ihre kalte Schlafkammer verkrochen. Nachts greife ich manchmal ins Bettchen, ob das Baby auch ordentlich liegt und zugedeckt ist. Ich wundere mich: es ist mir nicht im geringsten merkwürdig, daß auf einmal wieder ein kleiner Mensch neben mir schläft. Ich bin nicht in der Lage, etwas anderes für dieses kleine Mäd-

chen zu fühlen, als ich für meine Mädchen empfunden habe. Vielleicht gibt es das gar nicht, Großmuttergefühle. Vielleicht bin ich auch noch zu jung.

Vormittags schneide ich jetzt in Prohlis die Druckstöcke für den Kaukasus-Auftrag, den ich immer noch nicht habe. Nachmittags gehe ich zu Babett, um Angelika zu hüten, während Babett zu irgendwelchen Ämtern läuft.

Auf Babetts Kommode ein Strauß weißer Chrysanthemen.

Von Eberhard, erklärt Babett.

Kaum ist sie zum Einkaufen gegangen, klingelt es: Oma-Elisabeth! Mit Reisetasche und Bademantel über dem Arm.

Strahlend sagt sie: Entlassen! Es wird nicht operiert!

Später kommen Mirjam und Babett; sie haben sich unterwegs getroffen. Mirjam kniet sich vor das Himmelbett und seufzt: Die ist hübsch! So etwas möchte Mirjam auch haben!

Da muß Mirjam noch ein bißchen warten, sage ich.

Babett holt eine Flasche »Schwarze Johanna« aus dem Kühlschrank und fragt: Wie ist's, wollt ihr?

Als sie Omas Bademantel sieht, bittet sie: Kann ich den haben?

Oma-Elisabeth verschenkt ihn gern; sie würde alles verschenken heute.

KAUKASUS-BLATTFOLGE
Februar 1982

Pedro trägt eine weiße Felljacke zum grauweißen Haar, die grünlichen Augen schimmern hell im braunen Gesicht. Ich setze mich neben ihn. Er fragt nach Babett und Mirjam. Dann kommen die anderen, die zur Aussprache geladen wurden. Vom Künstlerverband ist Ingolf da.

Der Leiter der Kulturabteilung, Friedrich, eröffnet die Aussprache. Es solle über eine Verfahrensweise befunden werden, sagt er und macht alle mit den Fakten bekannt. Ingolf ergänzt das Gesagte durch eine Einschätzung meiner Arbeiten durch die Sektion Malerei und Graphik, der ich angehöre: Arbeiten wären es, die nicht nur für meine persönliche Entwicklung einen Höhepunkt bedeuteten, sondern auch auf dem Gebiet der DDR-Graphik etwas darstellten, was es bisher nicht gäbe.

Friedrich, der Gesprächsleiter, meint, es wäre mein gutes Recht, dagegen zu protestieren, wie sich Pedro und der Vertreter des Rates in bezug auf das Kaukasus-Vorhaben mir gegenüber verhalten hätten. Sie könnten froh sein, daß ich so strukturiert und zur Leitung meines Künstlerverbandes gegangen sei. Hätte ein anderer Kulturpolitik auf solche Weise erlebt, hätte er vermutlich die Ausreise aus der DDR beantragt.

Er habe mir von Anfang an zu verstehen gegeben, daß für Aufträge kein Geld vorhanden sei, verteidigt sich Pedro.

Und warum, frage ich, hat man dann jenes Gespräch zwischen Rat der Stadt, Sportbund und Künstlern gemacht, wenn kein Geld für Aufträge da war?

Niemand antwortet darauf.

Festlegungen werden getroffen: Pedro soll beim Rat für meine graphische Blattfolge Mittel beantragen.

Einige, die am Gespräch teilnahmen, möchten danach die umstrittenen Arbeiten sehen. In einem Nebenzimmer lege ich sie aus. Der Leiter der Abteilung Sport in der Bezirksleitung, ein Bergsteiger, schlägt mir mit der Hand auf die Schulter.

Herrlich, Mädel! ruft er aus. Das sind sie, unsere Berge! Sagt mal, und diese Blätter wollten sie nicht? fragt er.

Ingolf verneint.

Begründung! fordern mehrere.

Ingolf gibt sie.

Da ruft der Sportfunktionär: Denen hat wohl der rote Wimpel gefehlt!

Alle lachen.

Zu Hause erwartet mich eine Überraschung. Tassilo aus meinem Malzirkel sei dagewesen, sagt Oma-Elisabeth, er habe mir etwas gebracht! Ich solle im Atelier auf meinem Tisch nachsehen! Oma und Mirjam kichern.

Ich öffne die Tür des Ateliers und schreie auf: mitten auf meinem mit einer Klöppeldecke geschmückten runden Tisch liegt ein Totenschädel!

Oma erzählt unter Lachen, es habe geklingelt, und ein Mann habe über die Sprechanlage nach mir gefragt. Ich sei nicht da, habe sie geantwortet. Daraufhin habe er etwas Unverständliches gestottert: Wolle etwas abgeben oder so. Sie habe empfohlen: Stecken Sie es nur in den Briefkasten! Da wäre unten Ruhe gewesen. Darauf habe sie gefragt: Oder soll ich runterkommen?

Oma-Elisabeth ist mit dem Fahrstuhl nach unten gefahren. Im Vorraum stand ein junger Mann. Der hat aus einem Dederonbeutelchen einen Totenschädel herausgeholt und Oma auf die Hände gelegt.

Und so mußte ich mit dem Fahrstuhl wieder nach oben! erzählt Oma. Ein Glück, daß ich keinen getroffen habe! Er hat ihn dir gebracht, weil er das nächste Mal nicht in den Zirkel kommen kann, und ihr wolltet doch Schädel zeichnen!

Netter Kerl, der Tassilo, sage ich gerührt.

Und wie war's mit Pedro? fragt Mirjam lauernd. Was hat Pedrolein gesagt?

Sehr einsichtig war er nicht.

Oma sagt: Vielleicht wollte er's nicht so zeigen. Übrigens: Babett ist kurz vorbeigekommen: Ich soll dich erinnern: Ihr müßt morgen früh zeitig zur Mütterberatung gehen!

Von der Mütterberatung zurückkommend, fahre ich den Kinderwagen. Babett tapst schweigend neben mir her. Wir laufen an der Elbe entlang. Langsam dringt durch den Nebel die Sonne, baut über den Strom eine glitzernde Straße zu uns. Schwäne überfliegen sie, große, starke Tiere, wenden, lassen sich gleiten aufs Wasser, mitten ins Licht.

Uns ist elend zu Mute. Angelika muß operiert werden.

Wer weiß, ob wir sie wiedersehen, meint Babett.

Als ich, Tage später, früh das Haus betrete, in dem Babett wohnt, sehe ich neben der Tür schon unseren Kinderwagen stehen. Wir wollen heute Angelika aus der Medizinischen Akademie abholen. Ich renne die Treppe hoch. Babett öffnet lächelnd.

Soll ich die Jacke erst ausziehen? frage ich.

Kannst du!

Babett schiebt mich in die Schlafkammer. Da schauen mich aus der Krabbelbox Angelikas blaue Katzenaugen an.

Babett lacht über mein verdutztes Gesicht: Nimm sie raus, wir füttern sie!

Wir gehen ins Wohnzimmer.

Legst du sie trocken? fragt Babett.

Ich ziehe das Baby aus. Die Wunde ist ohne Pflaster, der Schnitt direkt in der Bauchfalte. Ich windle und füttere sie. Sie ißt die Büchse mit Babynahrung aus. Dann sackt ihr Köpfchen ab.

Mirjam – sie hat mich bei Babett abgeholt – und ich laufen von Laubegast nach Prohlis. Im Literaturunterricht hätten sie über ein Buch von Dieter Noll gesprochen, erzählt sie. Auch darüber, ob die Grundeigenschaften einer literarischen Figur, eines überzeugten Hitlerjungen, in unseren jungen Menschen vorhanden wären. Die Lehrerin hätte es verneint, Mirjam und andere Schüler hingegen hätten der Lehrerin widersprochen. Sie dachten an ihren Mitschüler Udo, der Eigenschaften wie Begeisterungsfähigkeit, Arbeitsernst und Durchsetzungsvermögen hat, sich zuweilen aber arrogant und machtbesessen wie diese Hitlerjunge gebärdet. Augenblicklich schreie er alle an.

Sie habe versucht, Udo darauf aufmerksam zu machen, sagt Mirjam, wo sich seine guten Eigenschaften ins Gegenteil verkehrten, da habe er auch sie angeschrieen. Mirjam stockt im Erzählen: Weißt du, was er geschrieen hat? Und wenn du hundertmal wie eine orientalische Prinzessin aussiehst, hätte ich zu früherer Zeit den Befehl erhalten, dich umzubringen, dann hätte ich dich umgebracht!

Abends klingelt Bob, hat aber wenig Zeit, da er noch eine Vorlesung ausarbeiten muß. Er möchte wissen, wie das Gespräch in der Bezirksleitung ausgegangen ist. Sein Gespräch mit dem Stadtrat finde morgen Vormittag statt. Träfen wir uns danach?

Bob kommt auf mich zu, wie immer in Studentenkutte mit langem schwarzen Schal, heute einmal mit Schlips.

Laufen wir ein Stück? sagt er.

Es sei eine gute Aussprache gewesen. Keine seiner Theorien und Ansichten, das makabere Auftragsgespräch betreffend, sei seitens des Stadtrates in Frage gestellt worden, erzählt er. Herr Mothes habe sich an dem Gespräch allerdings kaum beteiligt.

Wir setzen uns in den FRESSWÜRFEL am Postplatz. Bob holt Bier und Kaffee.

Haben wir es nun geschafft? frage ich, immer noch ungläubig.

An einem der nächsten Tage fahre ich zur Oper, um mit Herrn Mantius meinen neuen Vertrag abzusprechen. Ich werde die zwei Proszeniumslogen im vierten Rang malen, Mara die Balkonbrüstungen.

Wieder zu Hause, schneide ich weiter an den Druckstöcken für die Kaukasus-Blattfolge. März ist es unterdessen, im Juni wird der Jahrestag sein. Ich möchte bis dahin drei der Graphiken fertig haben. Ingolf deutete an, dieser Streit um meinen Kaukasus-Auftrag wäre zum geringsten Teil ein Kampf zwischen Pedros und unserer Auffassung von Kulturpolitik gewesen. Hier hätten Machtkämpfe ganz anderer Größenordnung dahinter gestanden. Welche? wollte ich wissen. Ingolf schwieg.

Welche? grüble ich, während ich die Druckplatten schneide. Angelika liegt im Kinderwagen und schaut mir durch das Panoramafenster zu. Sie ist ein dickes Baby, versucht schon, sich auf den Bauch zu drehen. Auch übers Wochenende behalte ich sie, denn Babett ist stark erkältet.

Am Sonntag-Vormittag fahre ich Angelika aus, klingle bei Bob und Teres. Sie kommen gern zu einem Spaziergang mit.

Am Prohliser Schlößchen vorbei fahren wir zu einem Cafe. Bob holt uns Eis, und dann setzen wir uns auf eine Bank. Überall sitzen hier Leute auf Bänken. Angelika ist eingeschlafen, deshalb schiebe ich den Wagen etwas abseits, wo schon andere Kinderwagen stehen. Die Leute unterhalten sich ziemlich laut.

Bob erzählt vom Buch eines Sowjetautors, das ihn interessiert, das es bei uns in der DDR aber nicht zu kaufen gibt. Es gehe um Widersprüche unserer sozialistischen Gesellschaft. In der Sowjetunion beschäftigten sich die Schriftsteller seit längerem mit dieser Problematik, sagt er.

Soll ich versuchen, Euch das Buch zu besorgen? fragt Teres, die tschechische Staatsbürgerin ist.

Du hast hier schon genug Schwierigkeiten, meint Bob.

Auf einmal wimmert es in einem der Kinderwagen. Bob geht, schaut und sagt: Unseres schläft!

Bob hat mir erzählt, du schreibst Hörspiele? fragt mich Teres.

Ich erzähle vom Kurzhörspiel, das ich an den Rundfunk sandte. Wenn ich bereit wäre, den Schluß zu ändern, würde man es senden.

Warum ändern? wundert sich Teres.

Es gehe in meiner Geschichte darum, daß sich ein dreiundneunzigjähriger Maler entschließt, noch einmal ein Bild zu malen, das aber dann von der Jury einer großen Ausstellung abgelehnt wird. Mir ging es darum, zu zeigen, sage ich, wie der kleine alte Mann – ich kannte so einen Künstler – immer wieder Niederlagen nahm und so auf seine Weise doch ein Held war! Und nun verlangt die Redaktion, daß ich den Schluß verändere! Wenn der alte Mann mit seinen Verdiensten als Widerstandskämpfer im III. Reich ein einigermaßen gutes Bild male, dann werde es von jeder Jury angenommen, meinen diese Leute!

Bilderbuchvorstellung! wirft Bob ein.

Merkwürdig, sage ich, wir als Schreibende werden ständig aufgefordert, über die Widersprüche unseres Lebens zu schreiben. Tun wir es aber, negiert man diese Widersprüche oder verniedlicht sie! Verkleinert man dadurch nicht auch die Leistungen unserer Menschen?

ZWISCHEN NONNE UND PROSZENIUMSLOGE
Juni 1982

Dann endlich – ich kann es kaum glauben – halte ich ihn in den Händen: den Vertrag über fünf Motive einer graphischen Blattfolge aus dem Themenbereich des alpinen Bergsteigens! SCHULE DES MUTES habe ich die Blattfolge genannt. War sie nicht auch eine Schule des Mutes für mich? Des Mutes zu widersprechen? Erwartungen nicht zu erfüllen?

Ich renne zu Bob, zeige ihm den Vertrag und sage: Ich lade dich ein zu einer Flasche Wein!

Keinen Wein, erwidert Bob. Ich will, daß du mit mir klettern gehst!

Ich? Klettern? Nie!

Stockwerk um Stockwerk steige ich die staubbedeckten Stufen der Semperoper hoch. Neu erbaut ist die Treppe, durch eine Holzverschalung geschützt. Die Stufen knarren. Es riecht nach Wald.

Im oberen Rundfoyer laufe ich bis zu einer türähnlichen Öffnung, an der ein dunkler Lumpen schaukelt – Erkennungszeichen für die Leiter, die von hier aus hochführt in die verschiedenen Bretteretagen.

Ich bleibe stehen. In Höhe meines Kopfes befinden sich Maras Füße. Ich klettere eine an die Bretterebene gelehnte Leiter hoch, krieche unter dem vierten Rang hervor, strecke mich stöhnend und sage: Ich wußte gar nicht, wo man überall Muskeln hat!

Ach? fragt Mara. Hast du nicht immer gesagt, körperlich ausgelastet wäre man bei dieser Art, Berge zu besteigen, nicht?

Aber ja, gebe ich zu, man ist anders belastet als in der Hohen Tatra, es ist vielleicht mehr eine psychologische Belastung!

Mara lacht: Da hast du also jetzt einen psychologischen Muskelkater?

Ehrlich, mich brächte keiner da hoch!

Glaubst du vielleicht, ich muß da hoch? frage ich. Diese Nonne – so heißt der Kletterfelsen, auf dem wir waren –, sie überstieg in jeder Beziehung meine Bedürfnisse! Zu hoch, zu glatt, zu steil!

Aber du bist gestiegen, meint Mara.

Gestiegen, ja! Aber doch nicht wegen der Berge!

Ach? Nicht wegen der Berge?

Ich hocke mich auf die Bretter vor meine Proszeniumsloge. betrachte das alte, schon eingerissene Foto, auf dem sie verschwommen zu sehen ist. Dann suche ich mir unter Maras Pausen die für meine drei Logenflächen heraus.

Mara legt den Pinsel beiseite und fragt: Wollen wir?

Sie kramt aus ihrer Farbenkiste den Pausbeutel heraus. Wir halten die Pause an die gewölbten Flächen der Loge. Die beiden Proszeniumslogen links und rechts der Bühne werde ich bemalen. Während ich krampfhaft die Pause an die Loge presse, tupft Mara mit dem Pausbeutel staubfeine Kohle durch die gerädelten Löcher der Pause. Dann und wann hebe ich die Pause etwas an, um zu sehen, wie weit die Zeichnung schon da ist. Ich trete ein Stück zur Seite.

Vorsicht, Mädel! ruft Richard von unten. Da sind Lücken zwischen den Brettern!

Ich blicke nach unten, ohne die Pause loszulassen. Würde sie verrutschen, müßten wir alles bisher Gepauste wieder mit dem Lappen abschlagen und neu beginnen.

Komm, wir nehmen die Pause runter! schlägt Mara vor. Es müßte alles durchgepaust sein.

Ist es nicht. Und so malt Mara, die diese Motive nach alten Vorlagen entwarf, zart mit einem Bleistift das noch Fehlende nach. Dann zerrt sie unter den Entwürfen für die Brüstungsfelder, die sie malt, jene für meine Loge vor. Wir hängen sie über eines der Metallrohre, die als Geländer dienen.

Kannst anfangen, sagt Mara.

Die Farben haben wir schon vor ein paar Tagen gemischt. Als ich den Malstock aufsetze und die Hand darauf legen will, rutscht mir der Malstock weg. Ich fühle mit Erschrecken: da ist sie wieder, die Angst vor der sauber grundierten Fläche! Ja, es ist schließlich kein Stück Papier, das man vom Block reißen kann, das Stück Fläche ist Proszeniumsloge der Semperoper! Ein winziges Stück Semperoper ist dir anvertraut, hatte ich gedacht, als ich hier zu malen begann, und mir hatten die Hände gezittert. Ein und ein halbes

Jahr hatte ich dann an der Oper gemalt, die Angst fortgemalt. Nun war ich ein halbes Jahr nicht hier – man hatte die Logen noch nicht so weit vorbereitet, daß ich beginnen konnte –, und nun habe ich plötzlich vor der rosèfarbenen Fläche eine Angst, als müßte ich aus der Höhle hinaus an den Felsen.

Mara? Stell dir vor, du sitzt in einer Höhle im Felsen, siehst nicht, wie der andere steigt, siehst nur das Seilbündel, das sich dir zu Füßen schlangenhaft ringelt und weniger und weniger wird, bis es an deiner Brust zerrt. Du rufst: Halt, halt! Und steigst dann hinaus an den Felsen. Jetzt gibt es kein Ausweichen mehr, du bist als Funktion für andere geplant!

Kein Mensch brächte mich da hoch! wiederholt Mara.

Ja, es ist schon etwas Unheimliches, sage ich, aus der Höhle der Sicherheit hinauszutreten in das Abenteuer der Unsicherheit. Ob das im Menschen liegt, die Furcht vor der Unsicherheit und zugleich das Bedürfnis nach ihr?

Mara malt, überlegt wohl. Ich male auch, male in der hellsten meiner Farben Blattornamente, Blüten, Füllhörner, Fische.

Mara? Vielleicht ist das eins der Geheimnisse des Bergsteigens, ein dem Leben gemäßes Bewegungsprinzip: einen Halt suchen, den Halt betreten und ihn wieder verlassen?

Wenn du es meinst! Etwas anderes, wie kommst du mit der Farbe zurecht?

Schlecht. Sie zieht sich nicht richtig aus. Ich habe Schwierigkeiten, die Blattspitzen zu malen!

Zeig mal deine Farbe, Mädel! ruft Richard.

Ich reiche ihm mein Glas nach unten.

Richard schwingt seine füllige Figur hoch zu unserer Etage, geht mit

meinem Glas zum Kocher. Ich trabe hinterher. Richard schüttet Leimwasser zur Farbe, rührt, läßt dann die Farbe vom Hölzchen tropfen.

Danke, Richard, sage ich. Die Farbe zieht sich jetzt besser, doch meine Hand will nicht, wie ich will. Steif ist sie, geschwollen, drei verkrustete Löcher nebeneinander.

Wohl unters Seil gekommen? fragt plötzlich jemand neben mir. Stukkateur Timm ist es. Früher sei er auch gestiegen, früher, als er noch nicht verheiratet war. Auf welchem Felsen warst du denn? will er wissen.

Auf der Nonne.

Die habe er auch bestiegen, die habe ihre Schwierigkeiten! sagt er. Aber die Höhlen – urgemütlich!

Und erst der Kamin! füge ich hinzu. Wir müssen lachen.

Mara kommt zu uns, Helm und Geldtasche in der Hand.

Wir steigen die nach Harz duftende Treppe hinab, treten aus dem Halbdämmer ins Helle. Die Sonne blendet. Ich ziehe den dicken Pullover aus und binde ihn mir um den Bauch. Wir holen Kaffee, Kuchen und Semmeln und setzen uns an einen der Tische.

Die Höhlen sind also urgemütlich, meint Mara schmunzelnd. Aber herausgestiegen bist du wohl wieder?

Das mußte ich ja, erzähle ich weiter. Mirjam und Bob waren doch schon in der zweiten Höhle! Ja, ich bin los, raus an den Felsen. Bob rief: Löse dein Seil aus der Schlinge und bringe den Karabinerhaken mit! Dann kletterst du die Rinne hoch! Himmel, wo war da eine Rinne?

Die Beziehung zueinander, sie ist sicher sehr wichtig beim Steigen? sagt Mara.

Keiner kann ohne den anderen steigen in einer Seilschaft, antworte ich, so eine Verbundenheit erlebst du ganz elementar. Als ich dann oben ankam bei Mirjam und Bob, da war ich glücklich, ganz einfach glücklich! Etwas Merkwürdiges war da noch: Bob nahm mir alle Haken und Schlingen ab, und nun, von den Gewichten befreit, fühlte ich auf einmal erschreckend mein Fliegengewicht! Himmelangst wurde mir! Du kannst mir doch nicht

meinen ganzen Schmuck nehmen! habe ich zu Bob gesagt. Da hakte er mir
einen glänzenden Karabinerhaken wieder ins Seil.

Mara sieht mich nachdenklich an. Du, sagt sie dann, wahrscheinlich
brauchen wir Menschen die Last, um uns sicher zu fühlen im Leben! Aber
ich habe dich unterbrochen: Der Gipfel war's doch wohl noch nicht?

Ein Kamin noch, erzähle ich, ein Spalt zwischen zwei Felsen mit einem
»Unten« dazwischen! Einem Unten! Da mußt du alle Erfahrungswerte des
Lebens vergessen!

Vergessen? Aber was setzt man dafür?

Dafür? Vielleicht etwas wie körperliche, emotionale Intelligenz fürs
Gestein? Ja, Bob quetschte sich durch den Höhlenausgang in den Kamin.
Den Rücken an der einen Felswand, die Füße an der anderen, schob er
sich hoch. Die abgewetzten Fransen seiner Hose wehten mir ins Gesicht.
Nach ihm stieg Mirjam. Und dann hatten wir es tatsächlich geschafft auf
den Gipfel, alle drei! Um uns die Landschaft, von lichtem Nebel verhüllt.
Beinahe nicht vorstellbar, Mara, daß es Menschen gab außer uns! Auf dem
Bauch liegend, schrieben wir uns ins Gipfelbuch ein.

Und du bist glücklich so? fragt Mara.

Geborgenheit zwischen Himmel und Erde, sage ich.

Was soll denn das?

Mein Lebensangebot, erkläre ich.

Wir malen dann wieder, Mara an ihren Brüstungsfeldern, ich an meiner
Loge. Obwohl wir miteinander sprechen könnten, schweigen wir, lächeln
und nur von Zeit zu Zeit an. Ich male und bemerke: Meine Ornamente
gewinnen an Leichtigkeit!

GEBURTSTAG
Juni 1982

Ich hatte versprochen, an meinem Geburtstag früh in die Oper zu kommen. Auf dem Weg zum Zwinger fährt Herr Jährig, der Oberbauleiter, mit dem Auto an mir vorbei. Vor der Künstlerpforte wartet er, begrüßt mich und fragt, wie es mir gehe, was die Arbeit mache.

Ich antworte: Ich arbeite in drei Berufen. Mache Farbgraphik, schreibe und restauriere an unserer Oper.

Herr Jährig sagt, er kenne die Artikelserien, die ich vor Jahren über Techniken der Malerei und Graphik in der Zeitung veröffentlicht hatte. Schreiben Sie noch solche Beiträge? fragt er. Ich habe lange nichts von Ihnen gelesen!

Ich erzähle, daß ich im Juli zu den Arbeiterfestspielen fahren und dort einen Preis für Prosa erhalten werde.

Ob er die Geschichten einmal lesen dürfe?

Wenn ich sie zurück habe, bringe ich sie Ihnen!

Nachdem ich mich im Atelier umgezogen habe, steige ich hoch zum vierten Rang. Hier begrüßen mich Mara und die Arbeiter mit Hallo. Alle gratulieren mir: Mara, Ute, Tilo, Timm und Ulliboy. Wir trinken auf meinen Geburtstag. Dann sitzen wir noch ein Weilchen zusammen und erzählen. Auch Richard ist zu uns gekommen.

Warst du wieder bergsteigen? erkundigt sich Timm.

Ja, antworte ich.

Du gehst bergsteigen? wundert sich Ute.

Jaja, Ute, sagt Mara, sie hat doch jetzt einen Bergsteiger oder hat ihn auch nicht! Bei ihr sieht man niemals durch!

Ute lächelt: Ist es der junge Mann, mit dem ich dich getroffen habe? Der deine Arbeiten verteidigt hat?

Ich nicke.

Sehr jungenhaft, der Mann, aber wohl kein Kämpfer? meint Ute.

Hast recht, stimme ich zu. Aber wie der gekämpft hat! Er sah meine Arbeiten und zog für sie los! Schon toll, so etwas!

Du hast es gut! sagt Ute.

Wie meinst du das?

Du bist eben, wie du bist!

Mädel, darauf trinken wir! Schlägt Richard vor und flüstert mir ins Ohr: Wozu brauchst du die Kunst? Die Kunst einer Frau ist es, zu sein!

Wie war eigentlich die Feier zum Kaukasischen Jahrestag? erkundigt sich Ute. Muß ja ordentlich was los gewesen sein!

Ich zucke die Schultern.

Wie? Du warst nicht eingeladen?

Mara bringt mich mit ihrem neuen Auto nach Prohlis. Als wir in die Prohliser Allee einbiegen, sehe ich Babett zum Telefonhäuschen rennen. Fährt sie wieder Bus? fragt Mara.

Sie nimmt zuweilen Dienste an, sage ich, da muß ich aber Angelika behalten, denn wir haben keinen Krippenplatz.

Mit Babett laufe ich die sieben Stockwerke hoch, der Fahrstuhl ist wieder einmal defekt. Oben hat Oma-Elisabeth Angelika in den Schlaf geschaukelt und bedeutet uns, leise zu sein.

Wir essen Mittag, kochen dann für Angelika die Flaschennahrung. Babett erzählt, diese Nacht habe sie etwas Lustiges erlebt. Kurz nach Mitternacht, sagt sie, stieg ein junger Mann in den Bus und fuhr bis zur Endstation mit. Dort hat er mich eingeladen, mit zu ihm nach Hause zu kommen. Er wußte, daß wir Busfahrer um diese Zeit am Endpunkt eine Stunde Pause haben. Ich bin natürlich nicht mit, da ist er auch sitzengeblieben und dann noch eine Runde mitgefahren. Unterwegs hat er mich gefragt, ob ich ein Glas gezuckerter Erdbeeren haben möchte. Klar, hab' ich gesagt. Da ist er eine Haltestelle vor Ende ausgestiegen, und als ich auf der Rückfahrt dort hielt, stand er und stieg ein mit einem Glas gezuckerter Erdbeeren! Sogar an den Löffel hatte er gedacht! Klasse, was? Babett strahlt. Ich weiß nicht mal, wie der heißt!

Sie fährt danach in ihre Wohnung, will noch etwas schlafen. Sie hat wieder Nachtdienst.

Nachmittags wollte Bob vorbeikommen, er muß heute zu einem Kolloquium an der Technischen Universität. Wenn es beendet wäre, käme er, hatte er gesagt, als wir klettern waren. Doch nicht Bob klingelt, sondern Lucie, eine Freundin aus meiner Kindheit. Sie wohnt mit Mutter und Schwester noch immer im Haus, in dem ich fast vierzig Jahre lebte. Zusammen sind wir aufgewachsen in den Jahren nach dem Krieg. Und dennoch zwischen Blumen. Und so fragt Lucie, aus meinem Fenster schauend: Blumen gegen Beton? Gräßlich!

Ich weise auf meinen Malbecher, der auf dem Fensterbrett steht: ein Hundeblumenstrauß.

Ich könnte hier nicht leben! Lucie läßt sich auf mein Sofa fallen, das einst ihr Sofa war.

Das sagen alle, die nicht hier leben, erwidere ich.

Und die hier leben, was sagen die?

Nichts. Die leben.

Lucie sieht mich mitleidig an: Der Fliederbaum vor deinem Fenster, er hat wieder über und über geblüht! Und erst der Paradiesapfelbaum! Die ganze Straße voller Blütenschnee! Jetzt leuchten im Vorgarten Rosen und Lupinen!

Abends, entgegne ich, färben Lichterketten die Blumen auf den Balkonen orange oder violett! Dann sieht unsere Prohliser Allee aus, als feiere sie ein Fest! Zwischen Blumen die Menschen – sie essen, stricken, bügeln oder blicken hoch zu den Sternen oder hinab zu den possierlichen Tierchen, die, wenn der gelbe Mond zwischen den Hochhäusern turnt, um die Mülltonnen tanzen!

Ratten! schreit Lucie auf. Sind ja auch ein Paradies für Ratten, diese Unkrauthügel!

Aber das ist doch Kamille! kläre ich Lucie auf. Wirklich, manchen Abend ertrinkt unsere Betonstadt im Duft von Kamille! Und morgens, gehst du zur Bahn, leuchten die Hügel rot von wildem Mohn!

Lucie schaut vom Balkon. Neben einem orangenen Großgerät steht ein Mann, winkt uns und zeigt auf sein Fahrzeug: Wollt ihr es haben?

Ja! schreie ich hinunter.

Ich bringe es gleich hoch!

Kennst du den? fragt Lucie irritiert.

Nein!

Ein Dröhnen beginnt, daß die Wände zittern. Auf der Straße eine Unmenge Kipper. Sie fahren alle an.

Die Fahrer hatten Versammlung, sage ich.

Mich schauert gleich, meint Lucie. Hier gibt's Dinge!

Nachdem Lucie gegangen ist, schaue ich mit Mirjam zum Fenster hinaus. Daß Pedro dir eine Geburtstagskarte geschrieben hat! grübelt Mirjam! Das hat er doch noch nie getan!

Ich wundere mich auch, sage ich.

Warum ist er eigentlich damals fortgegangen? Ihr habt euch doch nie gestritten!

Vielleicht war es das, sage ich.

Ich mag auch nicht streiten, meint Mirjam.

Solltest es aber lernen! Alle Erwartungen zu erfüllen, die andere an einen stellen – da löst man sich auf, ist kein Partner mehr.

Ma? Ich habe mich mit Kai darüber unterhalten, was Liebe ist. Kai sagt, wahre Liebe ist wie die Liebe der Mignon bei Goethe: die ganze Nacht einander in den Armen liegen – und nichts geschieht. Das ist Liebe.

Und nun versuchst du, für Kai Mignon zu sein?

Nein, er hat eine Mignon, doch die will ihn nicht. Er sagt, jetzt versteht er, wie mir war, als er von mir wegging. Er hat alle Briefe von mir noch einmal gelesen und auch meine Gedichte.

Wir lehnen am offenen Fenster. Unten läuft ein Mann mit einem weißen Pudel vorbei.

Sieht er nicht aus wie gemalt von Chagall? frage ich. Der Mann mit der Geige, der über den Häusern schwebt! Ich wundere mich immer, daß er läuft.

Und der kleine Pudel müßte neben ihm schweben, meint Mirjam.

Ja, aber wie hätte Chagall den Pudel gemalt? Auf einer Blume schlafend? Oder mit großen wachen Augen dem Geigenspiel des Rabbi lauschend?

Armer Hund, sagt Mirjam. Hat hier in Prohlis nicht mal einen Baum.

Na, sieh doch, ein Stein tut's auch! entgegne ich.

Nun wird Bob nicht mehr kommen, sagt Mirjam und sieht mich an.

Wollen wir Abendbrot essen? frage ich.

Ma! Ich habe zu dem Mignongedicht von Goethe eine Melodie erfunden!

Sie nimmt die Gitarre von der Wand.

WARTEZEIT
Juli 1982

Zum Rat des Stadtbezirkes, um den vor einiger Zeit abgesprochenen Arbeitsvertrag für kleine Graphikmappen zu unterzeichnen. Diese Mappen sollen zum Sportfest in Leipzig als Gastgeschenke unseres Stadtbezirkes überreicht werden. So erkunde ich nun mit Skizzenblock und Fotoapparat den Stadtbezirk Dresden-Süd nach Motiven. Ich fühle mich wie im Urlaub, strolche durch unbekannte Straßen, über Felder und Friedhöfe, zeichne und fotografiere. Und wundere mich über diesen schönen Auftrag, ahne, wie er zustande kam.

In der Oper kann ich augenblicklich nicht an meine Proszeniumsloge heran. Ein Gerüst wurde davor gebaut; die Vergolder müssen dort an den Säulen arbeiten. Ich bekäme Bescheid, wenn das Gerüst fort sei, hatte Herr Mantius gesagt.

Langsam werde ich unruhig, da ich von der Oper keine Nachricht erhalte. Anfang August ist der Abnahmetermin für meine Loge. Und obwohl ich Angelika betreue, entschließe ich mich, in die Oper zu gehen und nachzufragen. Vor dem Verlassen der Wohnung schaue ich noch einmal ins Atelier nach dem Baby. Es schläft im Laufgitter, Oma wird bei ihm bleiben.

Ein ängstliches Piepsen ist zu hören. Auf dem Fensterbrett hüpft ein kleiner aufgeplusterter Spatz hin und her. Die Spatzeneltern fliegen um ihn herum und zeigen ihm, wie er fliegen und sich in die Mauerwand einkrallen soll. Das Spätzchen flattert an der Scheibe hoch. Plötzlich aber erhebt es sich in die Luft und fliegt seinen Eltern nach.

Auf meiner Bretteretage turnen Tilo, Edward und Ulliboy durchs Gerüst, das noch immer vor meiner Loge steht. Als Tilo mich sieht, holt er gleich einen großen Plastikbeutel und zeigt mir, was er unterdessen gearbeitet hat: filigrane Federzeichnungen, malerische Stilleben, Zeichnungen in Kohle und Rötel. Wir legen sie auf den Brettern aus. Ich sage zu jeder der Arbeiten etwas.

Später hebe ich die Folie an, die meine Loge vor Staub schützen soll: ein Teil der Vorzeichnung ist verwischt, anderes ganz weg. Am liebsten würde ich sofort weitermalen.

Ulli vergoldet neben meiner Loge. Er sagt, er bekomme jetzt eine Wohnung. Er war bei seiner Mutter ausgezogen und hatte bei einer alten Frau ein Zimmer gemietet. Nun ist die alte Frau zu einem alten Mann gezogen, und das Wohnungsamt habe ihm die Wohnung der Frau zugesprochen.

Da freust du dich? frage ich.

Ulli nickt.

Als Mara vom Frühstücken zurückkommt, sage ich zu ihr, ich könne den Termin Anfang August nicht halten, wenn das Gerüst nicht entfernt werde.

Sie werde es Herrn Mantius sagen, verspricht sie.

Bis heute Nachmittag im Zoo! ruft Timm, als ich gehe.

Wir haben schon einige Male im Zoo gezeichnet, die Mitglieder meines Malzirkels und ich. Empfindsame Zeichnungen sind entstanden, doch das Gerüst unter der Empfindsamkeit stimmte oft nicht. Ich mag nicht in fremde Zeichnungen hineinkorrigieren, auch bei Kindern habe ich es nie getan. Ich werde heute auf meinem Block zeigen, wie man ein Tier als Einheit von Bewegung zu Gegenbewegung baut. Kurios, überlege ich, hier beim Zeichnen oder Malen weiß ich, daß Empfindsamkeit nur zum Klingen kommen kann, wenn darunter eine fast sachliche Klarheit liegt. Im Leben vergesse ich es zuweilen.

Am Abend besucht mich Mara. Sie habe mit Herrn Mantius gesprochen, ich könne morgen mit der Arbeit beginnen. Sie hat ein Ehepaar mit hochgebracht.

Sie wollen so gern mal ein richtiges Atelier sehen, flüstert sie mir zu.

Ich bin sicher, die Leute werden einen umwerfenden Eindruck von einem Atelier bekommen. Ich bade gerade das Baby in einer Wasserschüssel. Das Durcheinander von Entwürfen, Manuskripten, Badetuch, Windeln und Salbenschachteln ist sehenswert. Das Ehepaar schweigt; es hat ihnen wohl die Sprache verschlagen.

Mara sagt nachdenklich: Ein Baby ist doch etwas Schönes!

Kurz nachdem Mara gegangen ist, klingelt es wieder: Ingolf, der Sekretär unseres Künstlerverbandes, will mit mir die Termine für meine Ausstellung in Thiendorf absprechen. Im Oktober werden TAGE DER BILDENDEN KUNST im Kreis Großenhain stattfinden. Künstler stellen dann in vielen Orten und Objekten aus. Ingolf war soeben bei Bob, denn Bob soll meine Ausstellung eröffnen und die Kunstgespräche leiten.

Abends sitze ich im Atelier und schreibe. Neben mir, im Laufgitter, schläft das Baby. Da fliegt mit einem Dröhnen, daß die Wände zittern, ein Flugzeug über unsere Hochhäuser. Erschreckt streckt Angelika die Arme in die Luft. Die kleinen Hände greifen ins Leere, Augen, schlafverschleiert, suchen nach Halt. Sehen mich, sehen mich an und werden dunkelblau und still. Angelika lächelt und schläft wieder ein.

NICHTABNAHME MEINER LOGE
August 1982

Von früh bis abends arbeite ich jetzt in der Oper. Es geht nicht so voran, wie ich möchte. Mein Ornament – fast vollständig nun in allen Grautönen, nur die Lichter fehlen noch – erscheint mir sehr zart gegenüber Maras kräftigen Rangbemalungen. Abends falle ich ins Bett. Ich besuche niemanden, schreibe niemandem.

Dann ist Abnahme. Alles wird abgenommen, manches mit Änderungswünschen. Meine Arbeit wird nicht abgenommen: zu graphisch, zu wenig angeglichen an Maras Art zu malen. Ich habe die Unterordnung nicht geschafft.

Am liebsten würde ich die Ferien ausfallen lassen und das Gemalte dahin bringen, wohin sie es haben wollen. Aber morgen beginnt mein Urlaub, und dieser ist nicht verschiebbar, denn ich fahre mit dem Sonderzug des Bergsteigerverbandes in die Berge der Tschechoslowakei.

Am späten Abend des gleichen Tages besteigen Mirjam und ich mit unserer Wanderfreundin Liselotte und fünfhundert anderen den Sonderzug nach dem Riesengebirge. Gegen Morgen kommen wir in Svoboda an; hier warten Busse, die uns in die verschiedenen Gebirgsbauden bringen sollen. Unser Bus windet sich hinan zum Sporthotel in Harrachov. Trotz der schlafarmen Nacht quälen wir uns gleich hoch zur Vosecka-Baude.

Das Abendbrot im Sporthotel schmeckt wie stets ausgezeichnet, vor allem das tschechische Bier. Nach dem Abendessen – nun zum Umfallen müde – begeben wir uns in unser Zimmer, um zu schlafen, und – Musik dröhnt, daß die Dielen beben!

Tja, Leute, meint Liselotte, da werden wir wohl morgen Abend auch in die Bar gehen müssen!

Am nächsten Abend suchen wir uns einen Dreiertisch nahe der Tanzfläche. Eine unbeschreibliche Atmosphäre ist in dieser kleinen Bar! Man baut in Harrachov eine Sprungschanze für die Weltmeisterschaft, Bauleute aus der Tschechoslowakei arbeiten hier zusammen mit Zigeunern und ehemaligen Knastologen. Alle diese Menschen drehen sich nun unter weißviolettem Licht. Uns wird warm; Liselotte streift ihre Trachtenstrickjacke ab und hängt sie über den Stuhl.

Ich tanze mit einem wilden Gesellen, riesengroß, sein flaschengrünes Hemd offen bis zum Gürtel, lange Locken, ihm fehlen die Vorderzähne. Laut singend preßt er mich an sich. Ist eine Tanzpause, fällt er fast um. Liselotte hopst mit einem herum, der die Schuhe ausgezogen hat und ebenso betrunken ist wie mein Tänzer, doch kleiner und haarlos, um den Hals eine goldene Kette. Nach dem Tanz setzt er sich an unseren Tisch und bestellt Cognac für uns und Cola für Mirjam; er ist der Chef aller hier anwesenden Arbeiter.

Aus der Bar zu entkommen, wird schwer; unsere Tänzer verstellen die Tür. Mit Hilfe deutscher Wanderfreunde gelingt es dennoch, zu fliehen. Wir rennen die Treppe hoch in unser Zimmer und stürzen lachend ins Bett.

Am nächsten Tag lacht Liselotte nicht mehr, sie sucht ihre Strickjacke. Die deutschen Wanderfreunde erzählen, der grüne Riese habe sie sich gegriffen. Als der abends mit wallendem Haar die Bar betritt, stürzt Liselotte auf ihn zu, doch der Mann tut, als verstehe er sie nicht. Später, während sie mit dem Kahlköpfigen tanzt, fordert mich der Riese auf, in sein Zimmer zu kommen, da sei die Jacke! Als ich mich weigere, wird er zornig und beschimpft mich. So sprechen wir mit dem Direktor des Hotels. Er holt Liselottes Jacke aus dem Zimmer des Riesen und entschuldigt sich; den Riesen weist er aus der Bar.

Hoffentlich schlägt der uns morgen nicht irgendwo nieder! meint Liselotte.

Bewegte Abende nach ruhig-heiteren Tageswanderungen. Besuch der Elbquelle und des Misthauses vom legendären Gustav Ginzel. Wir lagern an Bächen und auf Wiesen und trinken Sommer. An einem sonnigen Morgen fahren wir mit den 500 anderen Wanderfreunden nach Dresden zurück. Ja, und jetzt freue ich mich auf meine Proszeniumsloge und auch auf die Schwierigkeiten, die mich erwarten.

Wieder in der Oper, betrachte ich meine Loge und überlege, wo ich beginnen werde. Ich entschließe mich, an einigen Blumen die Farbe wieder abzukratzen, um die Grundform der Plastik kräftiger herausarbeiten zu können. Danach male ich an einigen Ornamenten den mittleren Ton und darüber den Dunkelton.

Ich trete so weit zurück, wie es möglich ist; mehr als einen Meter kann man nicht zurückgehen, da befindet sich das Stahlrohrgeländer. So laufe ich über das Gerüst zur anderen Seite des Zuschauerraumes, muß klettern und Lücken überspringen. Doch auch von hier aus erfahre ich nicht, was ich wissen möchte, bin wieder zu weit entfernt. Außerdem teilen die Stahlrohre des Geländers meine Loge in mehrere Teile. Mara ist nicht da, die ich gern befragen würde: habe ich jetzt mehr Plastizität bei den Blumen erreicht oder nicht?

Ich versuche, bei allen Blumen meines Ornamentes die Grundplastik anzulegen und bemühe mich, derb und fett zu malen.

Ulli steht auf einmal hinter mir und fragt: Hast du denn genügend Licht? Er zieht einen Scheinwerfer heran: Du darfst nicht so malen hier! sagte er. Die Bretter liegen falsch! Er schichtet die sie, die teils übereinander liegen, sorgfältig nebeneinander.

Mara malt heute mit an meinen Motiven, gleicht sie so gut wie möglich den ihren an. Wir arbeiten bis abends. Dann setzen wir die Lichter auf.

Am Morgen des nächsten Tages säubern wir unsere Arbeiten. Mit Knetgummi nehmen wir die Flecke des Malstockes weg und übermalen helle und dunkle Farbspritzer auf dem rosahellen Grund. Dann blasen wir – immer wieder müssen wir husten – den Staub vom unteren Rand. Die Maler der PGH entfernen ihn währenddessen mit Hilfe eines Staubsaugers von den Rändern der Rangbrüstungen.

Dann betritt die Abnahmekommission das Gerüst. Mir ist bange, Mara sicher auch. Doch alles wird ohne Änderungswünsche abgenommen.

Abends kommt Babett mit ihrem Freund Lars. Sie bringen mir das Baby, denn sie haben beide Fahrdienste angenommen.

Wir legen Angelika ins Laufgitter. Sie kullert sich herum.

Es klingelt. Bob steht vor der Tür.

Wir setzen uns ins Atelier und sprechen leise. Angelika schaut uns aufmerksam an. Dann beginnt sie zu murren.

Sie will heraus! sagt Bob.

Ich weiß.

Nimm sie mal raus! bittet Bob.

Dann sitzt Angelika zufrieden auf meinem Schoß und staunt Bob an.
Bob greift sich einen Plüschhasen und spielt Angelika etwas vor.

Ich muß mit einem Male lachen.

Was ist? fragt Bob.

Wir sitzen hier zusammen wie ein junges Ehepaar mit Kind!

Bob senkt die Lider.

TAGE DER BILDENDEN KUNST
Oktober 1982

Nach der Eröffnung der TAGE DER BILDENDEN KUNST im Kreis Großenhain
warten schon der Kulturverantwortliche von Thiendorf und ein älterer Herr
in Jeans auf mich, um mich zum Klubhaus des kleinen Ortes zu holen, in
dem meine Ausstellung heute eröffnet werden soll. Sie laden mich später
zum Mittagessen ein; der Herr in Jeans ist der Bürgermeister.

Meine Ausstellung sehe ich zum erstenmal. Der Parkettboden glänzt,
überall Blumen, frische Gartenblumen.

Der Bürgermeister begrüßt die Anwesenden; es sind viele Leute gekommen. Danach hält Bob eine Rede über meine Arbeiten und mich.
Plötzlich geht die Tür auf und eine Kindergartengruppe – dreißig Kleine
vielleicht – trippelt herein. Leise schieben sie sich auf die hohen Stühle. Ich
habe auch einige Graphiken für Kinder in meiner Ausstellung, Motive aus
Kinderbüchern, die ich vor Jahren malte.

Bob fordert zum Fragen auf. Man fragt ungeniert, und während des Fra-
gens und Antwortens wachsen wir – Bob, der Bürgermeister und ich – zu
einem Team zusammen und spielen uns gegenseitig Fragen und Antworten
zu. Das gibt Spaß. Die Leute lachen.

Ich mache eine kleine Führung durch die Ausstellung. Auch jetzt werden
Fragen gestellt. Da ist eine Farbgraphik von der Krim mit roten Bäumen.

Es gibt keine roten Bäume, bemerkt einer.

Ich muß lachen, sage: Genau das machte man mir vor fünfzehn Jahren
zum Vorwurf, die roten Bäume auf der herbstlichen Krim!

Trotzdem, beharrt der Mann, auch im Herbst sind die Bäume nicht rot!

Der Bürgermeister meint, es dürfe in der Kunst auch Dinge geben, die
das Leben nicht aufweise.

Ein alter Mann zupft mich am Ärmel und sagt verschmitzt: Und es gibt
doch rote Bäume!

Bob möchte, daß ich ihm vor dem Kunstgespräch, das in wenigen Tagen
in meiner Ausstellung stattfinden wird, die Haare schneide.

Teres begrüßt mich, Bob ist noch nicht da.

Teres arbeitet als Wissenschaftlerin in einem Verlag, fühlt sich dort aber
unwillkommen. Man brüste sich mit nazistischer Vergangenheit, erzähle ihr
immer wieder, daß sowjetische Soldaten bei Tabor den Bruder einer Mitarbeiterin erschossen hätten. Man sage es, als mache man sie, die in Tabor
aufgewachsen sei, dafür verantwortlich. Und als sie darüber gesprochen
habe, wie zur Zeit der deutschen Besetzung die Menschen in Tabor unter
der Stadt in den Katakomben lebten – sie selbst als Baby, das nicht schreien
durfte, damit kein Deutscher auf die unterirdisch Lebenden aufmerksam

würde –, so habe das bei ihren Arbeitskollegen nur Befremden, keinerlei Mitgefühl ausgelöst.

Was sind das nur für Menschen? fragt Teres. Wie solle sie hier arbeiten? Sie erwäge, in ihre Heimat zurück zu gehen. Das klinge böse, sicher.

Später schneide ich Bobs Haar. So gefällt er Teres nicht. Sie greift zur Schere. Bob wehrt sich.

Teres empört sich: Wie du aussiehst! Wie ein Künstler!

Und du willst einen Playboy aus mir machen! ruft Bob aus.

Kunstgespräch in Thiendorf. Der Bürgermeister bittet uns in die Küche und entschuldigt sich für den kalten Ausstellungsraum – die Heizung sei defekt. Er bietet uns Cognac zum Wärmen an. Mir wird schon wärmer, allerdings schwankt die Welt leicht.

Trotz der Kälte wird es ein langes, intensives und wieder sehr fröhliches Kunstgespräch. Die extreme Kälte belustigt alle; es haben wohl auch andere Wärmendes zu sich genommen.

Nach der Veranstaltung trinken wir mit dem Bürgermeister und einigen Frauen der Gemeindeverwaltung Cognac und Kaffee. Als ich Bob nicht mehr richtig erkenne, beschränke ich mich auf Kaffee, doch die anderen werden mit jedem Cognac lustiger und einander vertrauter. Und als der Fahrer des Taxis kommt, der uns nach Dresden zurück fahren soll, steckt man ihm ein Scheinchen nach dem anderen zu und bittet ihn, eine Weile zu warten. Über eine Stunde sitzen wir noch und erzählen.

NACHMALEN
November 1982

Ich habe unterdessen so viele Motive aus unserem Stadtbezirk Dresden-Süd für meinen Graphikauftrag, daß ich mich nicht entscheiden kann, welche ich farbig ausführe. Allein vom Fichteturm – er ist in einem Park gelegen –, muß ich zwischen drei Varianten wählen. Bis November sollen die Motive gemalt sein. Dann wird seitens des Rates des Stadtbezirkes entschieden, welche ich in Drucktechnik ausführen und in Serie drucken soll.

Vormittag arbeite ich an den Entwürfen, die Nachmittage verbringe ich mit Atelierbesuchen, Versammlungen oder mit Schreiben. Der Dramaturg vom Rundfunk, dem ich die Geschichte vom alten Maler gesandt hatte, kürzte sie unterdessen auf die geforderte Seitenzahl. Was den in meiner Geschichte fehlenden positiven Schluß angeht, so schlägt mir der Mann einen Kompromiß vor: er habe meinen Schluß versteckt; – erfolgreich versteckt, finde ich. Vielleicht ist das sogar wirkungsvoller, weil es eigenes Nachdenken nötig macht.

An einem Abend habe ich in der im Verfall begriffenen Villa unseres Künstlerverbandes eine Versammlung zur Kirchenpolitik der DDR; zwei Referenten der Bezirksleitung wollen uns informieren. Es sei wichtig, betonen sie, mit Christen ins Gespräch zu kommen und danach im Gespräch zu bleiben. Eine offene Polemik gegen Vertreter der Kirche hingegen sei nicht erwünscht.

Es kommt der Einwurf, daß manche Vertreter der Kirche aber ziemlich offen gegen den Staat polemisierten.

Die Kirchenfachleute erklären: Natürlich habe die Kirche Freiräume, die sie nutze, und sie verweisen auf die Bewegungen SCHWERTER ZU PFLUGSCHAREN und FRIEDEN SCHAFFEN OHNE WAFFEN. Man berichtet uns auch über Kettenbriefe zur Einbringung einer Gesetzesinitiative der Kirche, die gegen den Wehrdienst gerichtet sei. Ziel dieser Initiative: 300 000 Unterschriften zu sammeln und diese an Volkskammer und UNO zu geben.

Einer der Kirchenfachleute verweist auf die Diskrepanz zwischen parteilosen Christen und jenen, die sich in der CDU zusammengeschlossen hätten. Die parteilosen würden die CDU-Mitglieder als »Rote« bezeichnen und nicht als Christen anerkennen.

Ein alter Maler, schwerhörig und krumm durch Schläge der SA während der Hitlerzeit – er habe nur noch eine Hundeperspektive, sagt er immer – meint stockend: Früher habe man Religion in den Schulen gelehrt, da wären nicht so viele junge Leute religiös gewesen wie heute, wo wir doch alle Voraussetzungen geschaffen hätten, daß sie logisch denken könnten! Kurios, sagt er, sie fliehen in die Mystik!

Da siehst du, wirft ein anderer ein, Logik ist eben nicht alles!

Man lacht.

Der Mensch brauche Bereiche, in denen seine Gefühle angesprochen würden, meint ein anderer. Und noch ein anderer sagt, der Marxismus könne den Menschen nicht bieten, was die Kirche biete: die Unsterblichkeit der Seele. Ein Genosse habe tapfer und brav zu sterben für immer. Die Erfindung der Unsterblichkeit der Seele sei eine große Lebenshilfe für die Menschen, sei Trost und Hoffnung. Marxistisch zu sterben, sei doch erschreckend hoffnungslos.

Zu Hause erzähle ich Mirjam von der Versammlung, denn sie beschäftigt sich viel mit den Christen in ihrer Schulklasse.

Ma, haben wir eigentlich eine Bibel? fragt sie.

Wir haben drei, eine von Uroma-Lina, eine von Oma-Elisabeth und meine.

Kann ich die von Uroma haben?

Weißt du, meint sie später, von unseren Jungen sind die Christen eigentlich die kulturell Interessiertesten der Klasse. Ordnungschef Udo hingegen, richtig kulturfeindlich ist der! Und er bildet sich noch etwas drauf ein, sagt, das wäre proletarisch!

Diese neue Art von Dünkel haben wir in der DDR eben auch erzogen! sage ich.

Herr Mantius hat mir eine Karte geschrieben: Ich könnte die zwei Kappensegmente im elbseitigen Treppenvestibül, die ich 1981 begonnen hatte und wegen des Wassereinbruchs nicht weitermalen konnte, nun beenden.

So fahre ich zur Oper.

In der Damengarderobe des Künstlerateliers, in der meine Farbkisten seit dem Frühjahr stehen, suche ich die grünen Farben für die das Motiv begrenzenden Zöpfe heraus, sumpfe sie mit Wasser ein, damit sie zu einem Brei werden, rühre und rühre, bis sich die Klumpen lösen. Dann gehe ich auf Leimsuche. Natürlich könnte ich mir den Leim auch selbst zubereiten, doch so lange, wie ich an der Oper arbeite, habe ich es nie getan. Ich denke, es muß auch etwas geben, was man nicht kann. Ich erhalte mir dieses Nichtkönnen, denn es schenkt mir Sozialkontakte.

Der Graf von Monte Christo hat Leim aufgesetzt. Morgen sei er fertig, sagt er.

Ich steige hoch und schaue mir das Gerüst an, das für meine Kappe wieder neu aufgebaut wurde. Zum Gerüst hoch führt eine Leiter, bei deren Anblick mir ganz heiß wird. Lang ist die, unendlich lang und steil! In mir kommt die Ahnung auf, daß ich die Angst vor dieser Hühnerleiter wohl niemals wieder loswerde.

Na? fragt Timm. Kommst du jetzt wieder zu uns Stukkateuren?

Ja.

Tolle Leiter, wie?

Ich nicke.

Warst du schon oben?

Nein.

Na, los! fordert er mich auf.

Morgen, weiche ich aus.

Ach was, morgen! Komm! Nach Timm klettere ich die Leiter hinan, laufe dann auf schwankenden Brettern bis in die Ecke, wo ich vor zwei Jahren mit dem Malen aufhören mußte. Ich setze mich aufs Podest und betrachte das auf zwei der Segmente fertig gemalte Motiv. Zart stehen die Ornamente auf dem hellen Grund. Womit soll ich bei den anderen beiden Segmenten, die zur Kappe gehören, beginnen?

Überleg' es dir in Ruhe, meint Timm. Und wenn du wieder herunterwillst, rufst du! Ich halte dann die Leiter!

Ich denke über die einzelnen Arbeitsschritte nach und beschließe dann: ich werde wie immer zuerst die Zöpfe malen, die das Motiv begrenzen, danach die Ocker- und Umbratöne. Später dann das helle und dunkle Rot, das Blau der Blumen, die Himmelsziegen, die Löwen und zuletzt die Putten. Wie lange werde ich brauchen, bis ich fertig bin? Dieses Mal kann ich es nicht einschätzen, weil das Malen jetzt erschwert ist. Ich komme an die schon gemalten Kappen mit den gleichen Motiven nicht heran, denn es befindet sich kein Gerüst mehr dort. Ich brauchte Flügel, wie sie meine Himmelsziegen haben! Die Malvorlage, die Timm und Tilo aus dem Archiv geholt und hoch auf mein Gerüst bugsiert haben, ist unterdessen so verstaubt, daß ich keine Farbe mehr klar erkenne.

Ich werde vermutlich viel Zeit benötigen, um Farben zu analysieren und mich an ungefähre Töne heranzumischen. Dazu kommt, daß manche Farben nicht mehr in gemischten Pigmenten vorhanden sind und ich die Pigmente erst wieder neu mischen muß. Meine Weißbüchse und die Gläser mit Schwarz kann ich auch nicht finden.

Ziemlich still sitze ich dann am Tisch im Künstleratelier.

Zuletzt noch als Alleingänger arbeiten zu müssen, sei das Schwerste, meint der Graf von Monte Christo.

Ute rät: Bring' dir ein Opernglas mit! Da kannst du dir die Ornamente der anderen etwas heranholen! Aber sieh mal, hier!

Ute winkt mich an einen der hinteren Tische. Ein Stein liegt vor mir, wohl Teil eines Sockels. Um den Zerstörungsprozeß innerhalb des Steines aufzuhalten, soll der Stein Spritzen erhalten. Albrecht, ein Restaurator meines Alters, hat vor Tagen Löcher für die Spritzen gebohrt; seither ist Albrecht verschollen. Aber was sehe ich da! Aus den gebohrten Löchern schauen mich kleine rotäugige Maden an! Sie bewegen sich nicht, können sie auch nicht, denn sie sind aus Plastilina und bemalt. Nun muß auch ich lachen.

Albrecht wird sich wundern, meint Willibald, unser ältester Maler, verschmitzt. Ihm fallen oft so lustige Dinge ein.

Ja, Albrecht ist ein Mensch, der lebt! sage ich. Immer wieder treffe ich ihn irgendwo mit einer anderen schönen Frau! Er sieht ja auch wirklich so aus, wie sich die Leute einen Künstler vorstellen!

Ich fahre nach Hause und schließe die Wohnungstür auf. Es riecht nach Zigaretten.

Pedro sitzt mit Mirjam und Oma-Elisabeth am Tisch. Mirjam erzählt gerade vom Faschingsauftakt anläßlich des »elften Elften« in ihrer Schule. Die Schulleitung hatte zum erstenmal erlaubt, daß sich die Schülerinnen und Schüler verkleiden durften. Mirjam war im kurzen Kinderröckchen gegangen, mit großen Schleifen im Haar und um den Hals einen Schnuller; fast alle Schülerinnen und Schüler trugen Babyschnuller. Da trat die Lehrerin vor die Klasse und verkündete, der sowjetische Staatschef Breshnew sei tot. Nun mußten alle Schülerinnen und Schüler zum Appell. Und so, wie sie gekleidet waren, standen sie dann die Schweigeminute für Leonid Breshnew. Mit Schlipsen, Schleifen und Schnullern. Und konnten, betrachteten sie einander, das Lachen kaum verbeißen.

Pedro schmunzelt, drückt seine Zigarette aus und fragt mich: Schneidest du mir die Haare?

Wir gehen ins Atelier.

Pedro setzt sich auf eine Fußbank. So gut ich kann – ich habe bei Babett das Schneiden ein wenig gelernt –, bringe ich Form in das dicke, grauweiße Gelock.

Als er aufsteht, um zu gehen, sagt er: Mit uns beiden, das sei etwas, das durch nichts zerstört werden könne. Ein Adler, fügt er hinzu, ein Adler könne auch einmal tief fliegen, deshalb bleibe ein Adler doch immer ein Adler!

Ich bin irritiert. Soll das eine Art Entschuldigung sein?

Wer ist der Adler? frage ich vorsichtshalber. Und dann kann ich endlich, endlich lachen! Was hatte ich denn erwartet?

LATERNEN UND LICHTER
November 1982

Die IX. Deutsche Kunstausstellung ist eröffnet. Vor dem Albertinum auf der Brühlschen Terrasse warten Menschenschlangen. Ich bin mit Bob verabredet. Zwischen zwei Vorlesungen, die er halten muß, haben wir einige Stunden Zeit und wollen uns die Ausstellung ansehen, da wir beide Führungen machen sollen. Meine erste Führung ist sogar schon heute, eine Gruppe von Kulturverantwortlichen einiger Brigaden, die wiederum bei den Mitgliedern ihrer Brigaden Interesse für diese Ausstellung wecken sollen. Sie alle gehören dem Betrieb an, der meinen Malzirkel bezahlt.

Die Ausstellung versucht, einen Überblick über die verschiedensten Richtungen und Auffassungen von bildender Kunst der DDR zu geben. Viele Bilder – Problembilder – sind provokativ und laut, sehr interessant manche Formulierungen, zum anderen vieles, kaum entschlüsselbar vom Betrachter. Die Leute sind empört, das hören wir wieder und wieder. Vielleicht sollten sie einmal länger vor einem Bild verweilen? Sie kommen und meinen, sie müßten ein Bild sofort verstehen, lassen das Bild nicht in sich kommen und stellen sich selbst auch gar keine Fragen. Da wird das Bild schweigen.

Bob muß eher fort, ich laufe noch einmal langsam durch die Räume und suche Bilder aus, die ich aus ihrem provokativen Schweigen zu uns herüberholen möchte. Dann verlasse ich die Ausstellung und warte vor dem Eingang auf meine Gruppe.

Während ich warte, kommt ein Mann in meine Richtung gelaufen; laut und gestikulierend spricht er auf einen anderen ein. Im Abstand von einem Meter gehen die beiden an mir vorbei, die ich wie erstarrt stehe und dem Mann, mit dem ich einmal verheiratet war und den ich Jahre nicht sah, hinterher blicke.

Ich führe dann meine Gruppe durch die Ausstellung. Sie erregen sich über viele Bilder, urteilen, ohne genau hingesehen zu haben. Ich versuche, ihnen nahezubringen, daß Bilder uns vielleicht gerade dadurch innerlich bewegen, daß sie teils zu verstehen, teils aber Rätsel für uns sind. Und daß eben dieses Miteinander von Verständlichem und Unverständlichem eine Herausforderung sei.

Einige stimmen mir zu, andere empfinden Geheimnis oder Rätsel als Provokation. Ob das vielleicht der sozialistische Realismus sei? fragen einige. Ein Älterer wird richtig wütend: er sucht die Kunst, die man ihm seit Jahren versprochen hat, kommt sich betrogen vor und beginnt schließlich, mich zu beschimpfen.

Am Schluß beschenken sie mich mit Blumen und Pralinen. Als ich gehen will, kommt ein Malerkollege angerannt und drückt mir seinen Blumenstrauß in die Hand: Nimm ihn bitte! Die Brigade hat mich zum Abendessen eingeladen!

In der Oper male ich jetzt die Laternen meines Motivs. Sie sind in einem Ockerton angelegt, und durch andere Ocker- wie auch Umbratönen entsteht dann die Plastik, die Dreidimensionalität auf der Fläche. Wie schon vor beinahe zwei Jahren habe ich Schwierigkeiten mit dem Ziehen der geraden Striche; langsam formt sich aber doch die Rundung.

Auf dem Podest sitzend, prüfe ich mit einem Verkleinerungsglas, wo ich die Plastizität der Laternenkörper erhöhen muß. Ich schaffe es an einem Vormittag, bei zwei sich gegenüberliegenden Laternen die ersten drei Töne zu malen. Nun versuche ich mir vorzustellen: wie wird die Laterne aussehen, wenn der vierte Farbton – ein dunkler – hinzukommt? Wird die Ampel dann plastisch wirken? An einer Stelle allerdings scheint im Laternenkörper so etwas wie eine Beule zu sein. Wodurch entsteht dieser Eindruck? Ich muß das herausfinden, um es korrigieren zu können. Liegt es an der ersten oder der zweiten Senkrechten? An der dritten vielleicht?

Während ich sitze und überlege, kommt Mara die steile Leiter hochgeklettert und läuft über das Gerüst zu mir.

Bist du soweit?

Ich wasche meinen Pinsel aus, schließe die Farbgläser und stelle sie zusammen. Dann nehme ich Helm und Wassereimerchen und steige mit Mara die Leiter hinab.

Die Stukkateure rufen und winken.

Weißt du eigentlich, wie du bei ihnen heißt? fragt Mara.

Ich lache: Nein, weiß ich nicht.

Jockey – oder auch Fadennudel!

Sehr hübsch! sage ich.

Wie gefällt dir's bei den Stukkateuren? Ganz allein mit so vielen Männern?

Sie sind anders als die Maler. Die Maler singen oft bei der Arbeit oder hören Radio. Die Stukkateure erzählen sich Geschichten.

Das ist ja das Richtige für dich!

Maras Auto steht auf dem Parkplatz vorm Schloß. Wir steigen ein. Heute Abend haben wir eine Versammlung unseres Künstlerverbandes, vorher jedoch wollen wir eine gemeinsame Bekannte besuchen. Mara kennt Karin aus ihrer Sektion Textilgestaltung, ich kenne sie aus der Studienzeit. Karin hat Mara und mich zu einem Abschiedsbesuch eingeladen.

Sie wohnt in einer Zweifamilienvilla auf dem Weißen Hirsch, die ihr und ihrem geschiedenen Mann gehört. Karins Beziehung zu diesem Mann und dessen neuer Familie war oft Gesprächsstoff unter Künstlern. Karin jedoch, eine hübsche, naturblonde Frau, hat sich wenig darum gekümmert, wie andere ihre Beziehung werteten. Sie wohnte mit den beiden im gleichen Haus, versorgte das Kind der beiden. Im Urlaub hat sie einen Österreicher kennengelernt.

Er sei älter als sie, aber sehr nett, erzählt sie, als wir in dem stilvoll ausgestatteten Raum Kaffee trinken und Torte essen. Er habe eine große Familie, die sie schon erwarte. Man spürt, teils freut sich Karin, wieder einen Menschen zu haben, der mit ihr leben möchte, teils ist ihr etwas bange.

Ach was, sagt sie dann, ich wage es einfach noch mal! Wenn es schief geht, komme ich zurück! Das habe ich schon geregelt. Ich will dort auch arbeiten, nehme meinen großen Webstuhl mit!

Wir verabschieden uns von Karin und wünschen ihr, daß sich ihre Erwartungen erfüllen.

In der Hochschule für Bildende Künste auf der Brühlschen Terrasse findet die Versammlung zur IX. Deutschen Kunstausstellung der DDR statt.

Ein Kunstwissenschaftler gibt die Einführung, schätzt die Ausstellung kurz ein und macht kulturpolitische Zusammenhänge deutlich. Man wende sich allgemein großen Themen zu, allerdings oft auf marktschreierische Weise. Auf den Dresdner Beitrag eingehend, urteilt er: Dresden wende sich, von Ausnahmen abgesehen, großen Themen wenig zu, Dresden kultiviere die Formulierung und erschöpfe sich zu oft – vor allem in der Graphik – in einer Ästhetisierung des Individuellen. Graphische Experimente – teilweise epigonenhaft anmutend – würden als Endprodukte ausgegeben.

In der Diskussion sprechen viele. Sie haben unterschiedliche Meinungen über die Aufnahme dieser Ausstellung beim Publikum. Ein alter Genosse sagt, das Publikum würde kopfschüttelnd die Ausstellung verlassen, würde fragen, wo denn der sozialistische Realismus geblieben sei. Ein anderer erwidert: Gerade wegen ihrer Widersprüchlichkeit und Provokativität ziehe die Ausstellung die Menschen an! Einer spricht begeistert über die Erfolge bei der Erziehung unserer Werktätigen und verweist auf die Menschenschlangen. Wieder an anderer ruft dazwischen: Die kommen doch alle nicht freiwillig!

Mara, die neben mir sitzt, fragt: Du machst doch auch Führungen? Was haben die Leute bei dir gesagt?

Ein wenig verblüfft oder empört waren sie schon, flüstere ich. Doch ich denke, ich konnte etwas von ihrer Empörung zurücknehmen. Ich sage allen: Finden kann jeder etwas in der Ausstellung, was ihm entspricht! Mit Bildern ist das wie mit Menschen, da sagt einem ja auch nicht jeder zu!

Als ich nach Hause komme, sehe ich im Korridor an der Gardarobe eine grüne Kutte hängen. Auffällig das Emblem: SCHWERTER ZU PFLUGSCHAREN.

Oma-Elisabeth erklärt mir: Ein Langer, Dünner! War noch nie da!

Ich esse Abendbrot. Da öffnet sich die Tür von Mirjams Zimmer. Der Lange, Dünne huscht heraus. Vom Fahrstuhl zurückkommend, sagt Mirjam: Er hat mich zum Jugendgottesdienst eingeladen!

Und du willst wirklich zum Gottesdienst gehen? fragt Oma verwundert.

Ihr seid beide getauft, entgegnet Mirjam entschlossen, und ihr seid irgendwann aus der Kirche ausgetreten! Doch ich? Ich muß auch wissen, was ich ablehne und was nicht!

Da hast du recht, Kind, meint Oma.

Mirjam war zum Gottesdienst in der Kreuzkirche. Alles sei anders gewesen, als sie es sich vorgestellt habe! So ein legeres Benehmen! Erst hätten die Leute sie fast erdrückt, als sich alle in die Kirche hineingedrängt hätten! Dann aber hätten sie auf den Bänken gelegen und sogar ihre Schuhe ausgezogen! Auch das in der Predigt behandelte Thema VORURTEILE fand Mirjam interessant. Die drei am meisten betroffenen Bevölkerungsgruppen wären Ausländer, Asoziale und Lehrer. Sie hätten Interviews gebracht und Lichtbilder.

Danach wurde gebetet, erzählt Mirjam, gebetet, daß die Menschen die Kraft fänden, Vorurteile abzubauen und aufeinander zuzugehen. Ma, tolle Stimmung! Orgelmusik und Kerzen! Und alle sangen! Und am Ende pusteten die Mädchen Seifenblasen vom Rang!

GROSSKAMPFTAG
November 1982

Heute ist wieder einmal Großkampftag für mich. Früh male ich in der Oper die ersten beiden Fleischtöne meiner Putten, mische dann das Inkarnat drei für einen weiteren Fleischton und sumpfe die zwei Lichtbüchsen ein. Zurück im Künstleratelier, ziehe ich mich um, denn heute Nachmittag habe ich eine besondere Führung in der Kunstausstellung.

Vorher gehe ich ins Schloßcafe, trinke eine Tasse Kaffee und esse Kuchen. Dann schlendere ich hinüber zur Brühlschen Terrasse.

Einige Führungen habe ich schon gemacht mit Brigaden jenes Betriebes, der den Malzirkel und die monatlichen Atelierbesuche bezahlt. Oft, wenn ich nach sechs Stunden Arbeit an der Oper – stehend arbeiten mit über den Kopf erhobenen Händen – zum Albertinum lief und dann vor der Eingangstür auf eine Brigade wartete, wünschte ich, sie würde nicht kommen oder mich nicht finden. Ich hätte mich gern gesetzt und vor mich hingeschwiegen. So aber mußte ich Menschen, die wie ich einen vollen Arbeitstag hinter sich hatten, unterhalten und bei Interesse halten. Heute hingegen freue ich mich auf die Führung, denn heute kommen die Teilnehmer meines Malzirkel in die Ausstellung.

Abends erwarte ich zu Hause noch eine Gruppe der Deutschen Kommunistischen Partei der BRD zum Atelierbesuch. Gegen neunzehn Uhr sind sie bei mir, fast alles junge Leute. Sie stellen sich mit ihren Vornamen vor. Begleitet werden sie von einem Genossen der Stadtbezirksleitung Dresden-Süd.

Ich zeige wie immer meine Arbeiten und erzähle Entstehungsgeschichten der Aufträge – bei jedem hat es ja Komplikationen gegeben.

Die Leute sind interessiert und fragen gleich dazwischen. Als erstes wundern sie sich über mich. Sie hätten zu Hause in der BRD nie einen Künstler kennengelernt. Sie staunen, daß sich Künstler in der DDR herablassen – so drücken sie sich aus –, einfache Leute bei sich zu empfangen und ihnen auch noch künstlerische Arbeiten nahezubringen. Das gebe es bei ihnen nicht.

Sie fragen viel, auch Privates. Warum ich allein lebe, ob die Kinder auch Künstler werden wollten.

Dann erzählen sie von ihrem Besuch in der Kunstausstellung; sie waren auch am Nachmittag dort. Was sie erstaunt habe, wären nicht die Bilder gewesen, die nicht. Aber wie die Leute vor den Bildern diskutiert hätten! Nein, das gebe es bei ihnen in der BRD nicht! Haben Eure Leute denn gar keinen Respekt vor der Kunst? fragt mich einer.

Bei uns zu Hause, fügt eine junge Frau hinzu, da haben einfache Leute keine Meinung zur Kunst, sie halten sich zurück, weil sie nichts davon verstehen!

Das hat alles zwei Seiten, entgegne ich.

Da ich gern wissen möchte, in welchen Berufen sie arbeiten, frage ich. Es sind Lehrer und Sozialfürsorger, jedoch bis auf einen alle arbeitslos. Der eine, Erik, schaut mich grübelnd an.

Dann bedanken und verabschieden sie sich. Erik steht vor mir. So etwas habe er noch nie erlebt! sagt er. Sagt es immer wieder.

Ich bringe sie zum Fahrstuhl, sie steigen ein und winken. Da tritt Erik wieder heraus und kommt auf mich zu. Der Fahrstuhl fährt ab.

Weißt du, was mir am besten gefallen hat? fragt er.

Nein, sage ich.

Du!

Er rennt die Treppe hinunter.

Am nächsten Abend soll mein Hörspiel VOM MALER UND SEINER FRAU im Rundfunk gesendet werden. Mit Bob habe ich vereinbart, daß wir es auf zwei Geräten aufnehmen, doch als ich zur vereinbarten Zeit mit meinem neuen Recorder – Mirjams Gerät ist zur Reparatur – klingle, öffnet niemand. Ich renne zurück in meine Wohnung, schließe das Gerät an, lege die Kassette ein und drücke die Tasten.

Da kommt schon die Absage der vorigen Sendung. Mein Hörspiel beginnt. Es ist der Monolog einer Malersfrau.

Mir ist eigenartig zumute. Die Frau, die den Monolog spricht, bringt auf gewisse Weise ihr Leben mit ein. Es ist die bekannte Schauspielerin Steffi Spira, die einmal gesagt hat: Nie wolle sie etwas anderes sein, als ein Mensch, der Menschen liebt und von Menschen geliebt wird – eine sympathische Künstlerin.

Nachdem das Hörspiel gelaufen ist, spulen wir ein Stück zurück: Erleichterung, es ist aufgenommen. Immerhin, den Recorder habe ich heute erst gekauft, kenne mich mit ihm noch nicht aus. Ratlos bin ich über Bob. Wir hatten alles so genau abgesprochen!

Teres empfängt mich lachend. Bob habe auf mich geschimpft, aber wie der geschimpft habe!

Ich war da, verteidige ich mich, doch keiner hat geöffnet!

Bob kommt aus seinem Arbeitszimmer.

Ich war auch da! sagt er vorwurfsvoll. Es kann höchstens sein, ich habe gerade abgewaschen!

Das habt ihr ja wieder toll hingekriegt! meint Teres.

Bei einem Glas tschechischen Rums unterhalten wir uns über den Sommerurlaub. Mirjam und ich, Wanderfreundin Liselotte und vielleicht auch Ute wollen ihn zusammen in der Hohen Tatra verleben; Liselotte hat eine Privatadresse in Tatranska Strba.

Nichtwahr, Teres, wir fahren mit? bittet Bob. Du kennst die Hohe Tatra doch auch noch nicht!

WIEDER WEIHNACHTSZEIT
Dezember 1982

Im Künstleratelier hängt seit einer Woche ein Wunschzettel. Jeder kann dort beim Weihnachtsmann etwas bestellen. Der Weihnachtsmann wird sich bemühen, alle Wünsche zu erfüllen. Er versieht jeden der schriftlich geäußerten Wünsche mit ein Kreuz, wenn er sich in der Lage fühlt, ihn zu erfüllen. Die meisten Wünsche haben bereits Kreuze. Es sind die absonderlichsten Wünsche dabei! Lisa, die immer Elegante, bittet um eine Verjüngungspille. Jemand wünscht sich eine Tarnkappe, einer eine Reise nach Afrika, ein anderer möchte Unterhosen, die er ohne Überhosen tragen kann, wieder ein anderer Schuhe mit Oberteil und Senkeln, jedoch ohne Unterteil. Hannes, der bärtige Maler mit den kinderblauen Augen, wünscht sich Schnee.

Jeden Tag stehen wir ein Weilchen vor dem Wunschzettel und schmunzeln.

Los! Schreiben Sie sich drauf! mahnt mich Herr Mantius.

Ach, sage ich, meinen Wunsch kann der Weihnachtsmann sowieso nicht erfüllen!

Wieso? Wieso?

Ich zucke die Schultern.

Feigling! provoziert mich Mara.

Als die anderen im ITALIENISCHEN DÖRFCHEN zu Mittag essen – Mara und ich verspeisen im Atelier Mohnbrot mit Butter und trinken Kaffee –, schreibe ich auf die Wunschliste: Ich wünsche mir vom Weihnachtsmann den Mann, den ich liebe! Sicher, nicht sehr originell, aber vielleicht fällt dem Weihnachtsmann doch etwas ein!

Am nächsten Morgen werde ich mit Hallo begrüßt.

Lisa sagt: Du hast vergessen dazuzuschreiben, wer das ist!

Das wird der Weihnachtsmann schon wissen! erwidere ich.

Bevor unsere Weihnachtsfeier beginnt, gehe ich einkaufen, etwas zum Trinken und eine große Tüte Pfannkuchen. Zurückkommend, will ich eben das Künstlerpförtchen aufschließen, da tritt Johannes heraus. Als er mich sieht, rennt er zurück ins Atelier.

Ich muß lächeln. So etwas ist mir zuletzt als Kind geschehen. Ich lasse mir also Zeit, das Atelier zu betreten, öffne dann vorsichtig und mich räuspernd, die Tür. Es raschelt in einer Ecke. Willibald hantiert unter dem Tisch und winkt mich weg.

Ich setze mich zu Mara, die noch etwas an einem Entwurf verändert.

Ausgeschmückt haben den Raum Lisa und Hagen. Ein kaltes Büfett lädt ein. Punsch dampft im Topf auf der Heizplatte.

Hannes deckt den groben Holztisch auf seine Weise: kleine runde Kaffee-tassen-Servietten sind seine Teller, um sie herum arrangiert er Streichhölzer – Messer, Gabeln und Kaffeelöffel darstellend. Als ein Mann der Bauleitung kommt, schaut er verwirrt auf das, was Hannes da tut. Hannes erklärt ihm, freundlich lächelnd, er decke gerade ein!

Der Mann von der Bauleitung weiß nicht recht, was er für ein Gesicht machen soll.

Auf allgemeinen Wunsch bringt der Graf von Monte Christo seine Spieluhr in Gang. Wie schon oft, hören wir Weihnachtslieder und Walzer von Johann Strauß. Wir essen und trinken. Und dann kommt der Weih-nachtsmann im langen roten Gewand und mit echt weißem Haar und Bart. Und mit der Stimme von Willibald.

Alle erhalten, was sie sich gewünscht haben. Lisa bestaunt die Verjün-gungspillen. So klein? Die Einnahme ist allerdings nicht ungefährlich, wie beiliegende Gebrauchanweisung aussagt. Hannes bekommt eine Riesenkiste voll Schnee – es sind weiße Kunststofflocken. Hannes klebt sie vor Freude mit Leim ans Fenster und ruft: Es schneit! Es schneit!

Auch meinen Wunsch hat sich der Weihnachtsmann zu erfüllen be-müht. Allerdings hat er mich etwas mißverstanden, aber schließlich ist der Weihnachtsmann eben auch ein Mann und keine Weihnachtsfrau! Männer sehen das wahrscheinlich so. Ich bekomme einen Auswahlkatalog unterschiedlichster Männlichkeiten. Ein Lehrer wird mir angeboten, ein Polizist, ein Künstler und ein Arzt. Innen im Katalog ist ein Puppenjunge angebunden. Neben ihm steht: Oder mich?

Alle wollen den Katalog sehen, lachen

Zufrieden? fragt mich Mara, und es glitzert in ihren Augen.

Ich will doch keinen austauschbaren!

Und wen hattest du dir so gedacht? Pedro vielleicht oder Bob? Oder Ulliboy?

Dann beginnt das Tanzen. Es wird lauter und lauter, lustiger und lustiger. Niemand bemerkt, wie ich im Fastdunkel in die Gardarobe schleiche, mich umziehe und leise den Raum verlasse. Es könnte doch sein, der Weihnachts-mann hat mir mein Geschenk nach Hause gebracht!

Zu Hause schlafen Oma-Elisabeth und die Katzen auf dem Sofa. Der Fernseher dröhnt. Ein wenig traurig denke ich an den Kreis der Fröhlichen, den ich verlassen habe.

Weihnachten verläuft sehr ruhig. Babett und ihr Freund Lars haben Fahr-dienste übernommen. Wie schon oft zu Weihnachten erinnert das Wetter an Frühling. Mirjam und ich fahren Angelika oft aus, während Oma-Elisabeth das Essen für uns kocht. Mara hat mich für Silvester eingeladen, aber ich möchte Oma und Mirjam nicht allein lassen. Mirjam erwartet – wie jedes Jahr – Freundinnen und Freunde.

Am Tag vor Silvester haben Mirjam und ich stundenlang Fotos entwickelt. Jetzt schwimmen sie in der Badewanne. Im Atelier habe ich die Trockenpresse aufgestellt, daneben spielt Angelika im Laufgitter. Als ich mich so umschaue, denke ich: hoffentlich kommt kein Besuch!

Schon klingelt es. Ute. Sie sagt, sie wolle sich noch einmal im alten Jahr eine Stunde nett unterhalten. Wir hören Schallplatten und mein Hörspiel. Ich schlage Ute vor, über Silvester bei uns zu bleiben, doch sie hat dem Sohn versprochen, mit ihm zu feiern.

Abends räumen Mirjams Gäste ihr Zimmer um. Sie bereiten Salate und eine Bowle zu, bisher sind allerdings nur Mädchen da. Gegen zwanzig Uhr kommt Kai, erschrickt wohl ein wenig, daß er der einzige Junge ist, greift sein Beutelchen wieder und verspricht, gegen Mitternacht zurück zu sein.

Später klingelt der jüngere Bruder eines der Mädchen: Er habe mit seinem Cousin feiern wollen, doch nun sei der betrunken! Was solle er mit ihm tun? Die Eltern beider wären doch verreist!

Einige Mädchen begleiten die Jungen nach Hause. Auf dem Rückweg bleiben sie – wer weiß, warum – in unserem Fahrstuhl stecken. Zum Glück kommt mein Malerkollege Ernst, der im Hochhaus nebenan in einer Atelierwohnung lebt, die Treppe heraufgelaufen; sehr vornehm heute im neu erworbenen französischen Mantel! Er rennt von Etage zu Etage und versucht, den Fahrstuhl in Gang zu bringen. Vergebens. So klingeln wir beim Hausvertrauensmann. Es öffnet nur dessen Nachbarin. Sie sagt uns die Adresse eines Mannes; dieser habe zwar keinen Fahrstuhldienst, sei aber sehr freundlich.

Unter Silvesterknallern laufe ich mit Ernst zum freundlichen Mann. Leicht angetrunken ist er und will deshalb nicht mit uns gehen. Verboten und so, erklärt er. Schließlich kommt er doch mit zum Fahrstuhl und hebt unsere Mädchen heraus.

Da ich nicht ins Atelier kann, denn dort schläft Angelika, sitze ich mit Ernst und Oma-Elisabeth bei Rotwein im Wohnzimmer. Nun kommen die Mädchen zu uns, später noch einige Jungen, sogar drei aus Mirjams alter Schulklasse.

Kurz vor Mitternacht verabschiedet sich Ernst, er möchte noch zu einem anderen Künstler, der in Prohlis wohnt. Als er seinen französischen Mantel anziehen will, purzeln meine zwei Katzen heraus.

Um zwölf öffnet eins der Mädchen eine Flasche Sekt. Nach Gläsern zu greifen, bleibt keine Zeit, reihum trinken wir aus der Flasche.

Gegen ein Uhr ein leises Klingeln: Kai. Die Mädchen haben es plötzlich eilig zu gehen. Mirjam feiert noch eine Stunde mit ihm. Er winkt mir zu, als er geht.

Immer noch zischen die Raketen hoch.

Mirjam und ich laufen auf Zehenspitzen ins Atelier. Friedlich schläft Angelika im Laufgitter. Die Katzen suchen wir vergebens. Sie werden – erfahrungsgemäß – erst gegen Morgen wieder aus ihren Verstecken kriechen.

NOCH EINMAL NACHARBEITEN
Januar 1983

Als ich früh zur Oper gehe, kommt mir auf der Brücke beim Kronentor ein
Schwan entgegen. Um ihn herum watscheln eilig Wildenten. Am Rande des
Zwingerteiches eine alte Frau und ein Kind: die Frau fingert Semmelstücke
aus ihrer Handtasche und wirft sie den Tieren zu, die gierig fressen.
Auf dem Zwingerteich stehen die Möwen im Wasser. Unter der flachen
Wasserschicht liegt dickes Eis.

In der Oper male ich sechs Stunden hintereinander. Die Arbeiter schimp-
fen mit mir, weil ich weder frühstücken noch Mittag essen gehe. Sie rufen:
Unser Jockey wird sich noch ganz in Luft auflösen!
Ich bin so mit dem Mischen des Orange beschäftigt, daß mir nichts
schmecken würde. Wie das Orange aussehen muß – es ist der Untergrund
für einige Eckornamente –, ich weiß es nicht genau. An die fertiggemalten
Kappen komme ich nicht mehr heran, denn die Gerüste sind abgebaut. Seit
November male ich an dieser Kappe, an der ich vor zwei Jahren zu malen
begann. Die Wände mußten nach dem wolkenbruchartigen Regen ja erst
austrocknen, danach verputzt und grundiert werden.
Nun laufe ich auf dem Gerüst immer wieder in die größtmögliche Nähe
der schon fertigen Kappen. Ein Orange nach dem anderen mische ich, trage
es in einer der Ecken auf und lasse es trocknen. Danach kontrolliere ich
von unten, ob mein Orange das gleiche Erscheinungsbild ergibt wie bei den
anderen Kappen. Um es kontrollieren zu können, muß ich die beängsti-
gend lange Sprossenleiter hinunter und dann wieder hinauf. Trostlos – nie
gleicht mein Orange dem der anderen Kappen! Ich verzweifle langsam, habe
niemanden, mit dem ich mich beraten kann. Stunde um Stunde berate ich
mich mit mir selbst. Nachdem ich in einer Ecke zwei Orangeschichten über-
einandergemalt habe und die zweite wieder nicht stimmt, kratze ich beide
ab; würde ich zu dick malen, wäre die Haltbarkeit der Leimfarbe gefährdet.
Bedrückt verlasse ich die Oper. Mir scheint, es dämmert schon. Doch
das ist nur der kalte Nebel. Irgendwo hinter der Nebelschicht schwimmt ein
orangegetönter Fleck: die Sonne. Morgen wird Abnahme sein. Nicht für mich.

Ich müsse heute noch das Gerüst abräumen, es werde umgerüstet, sagt
anderntags die Abnahmekommission.
Umgerüstet? frage ich entsetzt. Ich habe nur noch wenige Tage hier zu
tun! Soll ich denn schon wieder meine Arbeit unterbrechen?
Das Abrüsten sei beschlossene Sache, erklärt man mir, die Stuccolustro-
Männer müßten heran. Was wollen Sie? fragt man mich, Ihre Arbeit sieht
doch fertig aus!

Sie ist aber nicht fertig, widerspreche ich.

Timm stellt sich neben mich: Sei doch froh, wenn sie es als fertig abnehmen! Es kann dir doch nur recht sein!

Ich bin eben ein komischer Mensch, entgegne ich. Mir ist es nicht recht!

Timm betrachtet mich seufzend: Was ich dir noch sagen soll von meinen Leuten: Wenn du hier fertig bist und keine künstlerische Arbeit hast – du kannst in unserer Brigade anfangen!

Danke, Timm, sage ich.

Nachdem die Kommission den Raum verlassen hat, sitze ich ratlos auf der untersten Sprosse der Leiter. Aber dann entschließe ich mich doch, meinen Arbeitsplatz abzuräumen, trage Farbbüchsen und Gläser an eine Stelle, die mir Timm gezeigt hat.

Wir passen auf deine Farben auf, bis du wieder heran kannst! verspricht Timm.

Gegen Mittag begebe ich mich zum vierten Rang, an dem Mara an den Balkonbrüstungen arbeitet.

Mara sei heute nicht da, teilt mir Tilo mit, der gerade eine Säule vergoldet. Hat man dich verjagt?

Ja, sage ich. Aber wenn ich die Pausen für meine zweite Loge fände, könnten wir sie aufpausen! Weißt du, wo Mara sie hat?

Tilo weiß es nicht.

Nun kann ich nicht weiter! klage ich.

Mach' nicht so ein Gesicht, meint Tilo. Morgen wird Mara da sein! Wenn nicht, suchen wir die Pause und tragen sie zusammen auf! Einverstanden?

Ich fahre zu Babett. Noch ehe ich geklingelt habe, höre ich Angelika jammern. Babett steht in der Küche und kocht. Angelika, im Laufgitter in der Wohnstube, streckt die Arme nach mir aus. Lars sitzt vorm Fernseher. Ein Kriegsfilm läuft.

Nachdem Lars zum Dienst gegangen ist, erzählt Babett von Oma-Linda, ihrer Oma väterlicherseits, die sie in der vergangenen Woche mit Angelika besucht hatte. Sie habe schlecht ausgesehen, habe geweint, als sie sich verabschiedet hätten und gesagt, vielleicht sei es das letztemal, daß sie sich sähen.

Ich erwidere: Oma-Linda ist immer wieder auf die Beine gekommen!

Diesmal glaube ich es nicht, meint Babett. Sie hat uns nicht einmal zum Zug gebracht. Das gab es bei ihr noch nie! Sie würde dich gern noch einmal sehen, hat sie gesagt.

Mirjam hockt auf der Liege in meinem Atelier, ihr Tagebuch in den Händen.

Große Ereignisse? frage ich.

Mirjam klappt das Tagebuch zu.

Ute und Axel waren da! Axel hat uns zu seinem ersten Konzert in die Versöhnungskirche eingeladen! Konzertanter Rock! Du sollst unbedingt mitkommen!

Sie winkt mich in ihr Zimmer: in einer schmalen hohen Vase stehen drei rote Rosen.

Von Axel, erklärt sie. Übrigens, wir haben heute über die Rüstung diskutiert!

Axel und du? frage ich.

Nein! Nicht Axel und ich! Das sozialistische Lager müsse alle Waffen vernichten, meint er, du weißt schon, wer! Im Interesse der Erhaltung der Menschheit sei es unsere Pflicht, uns zu opfern! Ja, sicher, alle anderen könnten uns dann mühelos vernichten, hat er zugegeben, aber wenn wir vernichtet wären, bliebe wenigstens die Hälfte der Menschheit am Leben! Bei einem Atomkrieg hingegen wären alle tot! Ist das christlich?

DIE ZWEITE PROSZENIUMSLOGE
Januar 1983

Mit Mara habe ich unterdessen die Motive auf meine zweite Prosceniums-
loge aufgepaust. Nun mische ich seit Tagen Farben. Mische, streiche sie
auf Papier, trockne das Papier im Scheinwerfer, mache die Wischprobe
und halte es dann – wenn es die Wischprobe bestanden hat – an die schon
gemalten Balkonbrüstungen. Und immer wieder muß ich feststellen: meine
Graufarben sind um irgendeine Nuance anders. Aber wodurch?

Ich probiere und probiere, auch Mara wird nervös. Und das ist vorerst
nur ein Grauton, der hellste! Zwei andere müssen auch noch gemischt
werden!

Dann sagt Mara: Schluß jetzt! Wir nehmen das Grau, wie es ist!

Ich lege die Mittelfläche meiner Loge mit dem ersten Grauton an. Nachdem er aufgetrocknet ist, erscheint er mir sehr hell, heller als bei Mara. Doch
ich kann sie nicht fragen, sie ist nach Hause gegangen.

Tilo meint, es könne an den Scheinwerfern liegen; Mara habe zwei an
ihrem Arbeitsplatz, ich nur einen. Er bringt mir einen zweiten.

Dann lehnen wir, Arme auf dem Stahlgeländer, und schauen in die Weite
des Zuschauerraumes.

Kannst du dir vorstellen, daß hier alles fertig ist? frage ich.

Tilo schiebt die Mütze aus der Stirn: Nein!

Nachmittags habe ich wieder eine Führung in der Kunstausstellung, eine
Brigade mit ihrer Patenklasse, einer zehnten Schulklasse aus Prohlis.

Die Jugendlichen stehen um mich herum und lassen mich reden. Sie
fragen nichts, sie sagen nichts. Haben sie keine Meinungen zu den Bildern?
Immerhin sind es ausschließlich Problembilder, vor die ich sie führe! Viele
dieser Bilder beschäftigen sich mit fragwürdigen menschlichen wie politischen Verhaltensweisen, denen sie doch auch schon begegnet sein müssen!
Bei Führungen Erwachsener bewegen diese Bilder oft die Menschen, über
Widersprüche, Korruption, ja sogar Machtmißbrauch zu sprechen. Ich
versuche, den Jugendlichen Brücken zu bauen, doch sie riskieren kein
einziges Wort. Irgendwie hat unsere Gesellschaft diese Schweiger, die mich
ansehen, als sei ich ein Museumsstück, zustandegebracht.

Welch ein Gegensatz zu den Jugendlichen meines Malzirkels, denke
ich, als ich an der Ruine der Frauenkirche vorbei zum Altmarkt laufe. Die
sind so dankbar, bei mir offen über Probleme sprechen zu können! Sicher,
die Jugendlichen heute kannten mich nicht, wußten nicht, ob man mir
vertrauen konnte. Weiß ich, was man ihnen im Schulunterricht oder zu
Hause über Künstler oder über Systemkritik gesagt hat?

Am Wochenende fahren Mirjam und ich zur Versöhnungskirche. Die Leute strömen hinein. Axel stapft auf der Bühne herum. Ute kommt, als ich schon sitze. Sie macht sich Sorgen, denn Axel hat das Studium an der Kirchenmusikschule geschmissen: Warum wohl? Wer schaut dahinter? Dann beginnt das Konzert. Die zusammen mit Axel spielen, sind Kinder des Direktors der Kirchenmusikschule, drei Brüder und ein Mädchen. Voller Farbigkeit ist Axels Musik, man spürt, da ist Freude am Spiel mit der Form, ist ein Versuch, Schönheit zu geben und Träumerei. Aber alles wird untermalt von etwas Drohendem. Mir gefällt diese Musik sehr, sie hält immer das Maß zum Menschen, überschreitet ihn nicht, weckt und führt ihn, wenn mir auch manche Teile zu ähnlich und ein wenig lang erscheinen.

Die jungen Leute bekommen viel Beifall. Axel sieht in seiner von Ute gestrickten Jacke wie ein kleiner braver Junge aus. Verlegen lächelnd verneigt er sich neben seinem Riesenschlagzeug.

Nachdem das Konzert beendet ist, verweilt man noch, nutzt die Gelegenheit zum Gespräch. Ute stellt mich einem Mann in grüner Kutte vor. Herzlich schüttelt der Mann meine Hand, erklärt mir dann, man müsse die starren Formen des Gottesdienstes durchbrechen und der Jugend etwas Anziehendes bieten. Er ist der Pfarrer.

Ich fahre mit dem Bus nach Hause; Mirjam und Kai hingegen haben sich entschlossen zu laufen.

Als Mirjam kommt, sehe ich, sie ist froh. Ich weiß, sie versucht, in ihrer Schulklasse ein freundliches Miteinander von Christen und Nichtchristen zu erschaffen, fordert gegenseitige Toleranz. Und erhält oft von beiden Seiten Kritik.

Ma, stell dir vor, wir haben auf der Straße getanzt, Kai und ich!

Am Montag betrachten Mara und ich die Graufarbe meiner Loge. Mara meint, die Farbe sei wahrscheinlich doch zu hell, wir müßten sie noch einmal mischen. Ich stöhne, sehe aber, Mara hat recht. Am Wochenende ist das Grau voll aufgetrocknet und unterscheidet sich im Tonwert kaum vom Zartrosa des Untergrundes.

So verbringe ich wieder Stunden mit Mischen. Unzählige Papierstreifen liegen um mich herum. Ich habe das Gefühl, gar nichts mehr zu sehen, starre ins dämmrige, dunstige Licht des Zuschauerraumes. Da flattert etwas auf mich zu, sinkt – still und leuchtend –, flattert ein wenig, als wolle es überlegen, solle es nahen oder fliehen. Liegt dann, zitternd, auf den Brettern des Gerüstes. Die Ränder zerrissen, voller Knitter, ein winziges Blättchen Gold.

Vorsichtig schiebe ich einen Papierfetzen unter das hauchdünne Gold. Es bebt, droht zu entfliegen. Ich falte das Papier zusammen und lege es in meinen Schutzhelm.

Nachmittags habe ich Sitzung bei Pedro. Als ich komme, ist er allein im Raum. Mir fällt auf, wie blaß er ist. Die Sitzung leitet er souverän, aber etwas Merkwürdiges ist mit ihm: alles Laute ist fort.

Nachdem die anderen gegangen sind, unterhalten wir uns ein wenig. Plötzlich habe ich eine Idee: ich krame in meiner Tasche nach dem staubigen Stück Papier und lege es auf den dunkelglänzenden Tisch, sage: Für dich!

Pedro entfaltet das Papier, schaut verwirrt auf das winzige zerknitterte Gold, schaut dann auf mich. Und in sein Gesicht findet die Farbe zurück.

Schmal und blaß ist auch Babett, als sie gegen Abend vorbeikommmt und sagt: Oma-Linda ist tot. Ich habe es gewußt.

Nun kannst du Oma-Linda nicht mehr besuchen, meint Oma-Elisabeth nachdenklich.

LOGENGEPLAUDER
Januar 1983

Den Mittelteil meiner Loge male ich jetzt zum zweiten Mal im hellsten Grau. Wenige Meter von mir arbeitet Mara, unter mir malen Lisa und Rosemarie. Während Rosemarie zur gleichen Zeit wie ich studierte, ist Lisa als Autodidaktin in den Künstlerverband aufgenommen worden.

Sie unterhalten sich über Hagen, mit dem sie oft zusammen sind: Was habe er sich nur gedacht, einfach mit der Familie in Urlaub zu fahren! Gerade jetzt, wo an der Oper ein Faschingsfest bevorsteht! Ob er vielleicht für einen Tag aus dem Gebirge zur Oper kommen wird? Rosemarie beginnt zu singen – Lieder von Marlene Dietrich, Lisa stimmt ein. Es sind originelle Kolleginnen, die beiden.

Rosemarie, früher so dünn wie ich, unterdessen mollig, kultiviert ihre Fülle durch übereinandergezogene Röcke oder weite Pluderhosen, die sie unter den Kleidern trägt. Das Haar, naturgelockt und grau, schmückt sie mit Perlenkränzchen. Wenn sie mit dem Fahrrad durch die Stadt zur Oper fährt – im langen Rock, einen Panamahut auf dem Kopf –, starren ihr die Leute nach. Morgens, ehe sie zu malen beginnt, nimmt sie meist ihre kleine Flöte aus der Rocktasche; es ist nichts Besonderes, was sie spielt, gehört einfach zu ihrem Image, das Spielen. Aber überall im weiten Rund des Zuschauerraumes klatschen die Arbeiter und lachen. Einmal hat Rosemarie der Toilettenfrau im ITALIENISCHEN DÖRFCHEN ein Ständchen gebracht. Ein Flötenkonzert auf der Toilette; die alte, sonst so bärbeißige Frau hat geweint.

Lisas Eleganz ist gediegen. Freundlich, innerlich ausgeglichen wirkt sie, und sie hat eine Gabe, etwas gemütlich zu machen, heranzuschaffen, vorzubereiten, zuzubereiten. Sie war, soviel ich weiß, lange verheiratet und hat sich vermutlich erst in den letzten Jahren ernsthaft dem Malen widmen können.

Plötzlich steht Herr Mantius neben uns und bittet uns mitzukommen. Sie wollten das Gestühl für die Ränge ausprobieren!

Wir laufen über das Gerüst nach oben, dahin, wo ein Stuhl – einladend samtig – montiert ist.

Herr Mantius fordert mich auf: Setzen Sie sich bitte in den Stuhl und lehnen Sie sich zurück!

Was für ein herrliches Sitzgefühl! schwärme ich.

Schauen Sie bitte zur Bühne! fordert mich Herr Mantius auf.

Ich recke mich.

Die Bühne ist nicht zu sehen! stelle ich fest.

Bedächtig nickt Herr Mantius.

Er kommt danach mit zu meiner Loge und kontrolliert die Farben, er ist zufrieden. Wir unterhalten uns. Auch darüber, wie schwer es oft ist, anderen etwas verständlich zu machen, andere Menschen zu begreifen. Wir beide haben zuweilen unterschiedliche Meinungen zu Geschehnissen oder Verhaltensweisen. Er, zwar von seiner Sicht überzeugt, denkt dann ein wenig über meinen Blickwinkel nach, ich über seinen.

Jüngeren Menschen falle es oft schwer zu verstehen, warum ältere Männer so viel vom Krieg erzählen, sage ich. Aber jeder habe wohl ein Alter, in dem er geprägt werde; mir scheine, der Krieg habe eine ganze Generation geprägt. Dazu komme vielleicht noch, daß, im Gegensatz zum späteren Leben, während des Krieges mehr Ungewöhnliches geschehen sei.

Herr Mantius betrachtet mich. Auch er spricht oft vom Krieg, wenn wir alle zusammensitzen. Ich denke, er gehört Pedros Generation an, die als halbe Kinder in den Krieg hineingerissen wurden.

Als Tilo vorbeikommt und uns begrüßt, erzähle ich Herrn Mantius, daß Tilo seit zwei Jahren meinen Malzirkel besucht und sich im Herbst an der Fachschule für Restaurierung beworben hat, jedoch abgelehnt wurde. Er wolle sich wieder bewerben, hole augenblicklich an der Volkshochschule die zehnte Klasse Chemie nach, um auf eine bessere Note zu kommen.

Herr Mantius sagt, er werde versuchen, sich für Tilo zu verwenden.

Wir lehnen nebeneinander am Metallgeländer.

Ich werde nun wieder nach unten gehen, verabschiedet er sich.

Ich bleibe noch, sage ich und sehe ihm nach, wie er davongeht.

Am frühen Abend besuche ich Teres. Vor einigen Tagen hatte ich sie angerufen und gesagt, die Antwort aus der Hohen Tatra sei da: Unterkunft für uns alle in Tatranska Strba, dem Ausgangspunkt der Tatra-Bahn. Teres hat unterdessen mit Bob telefonisch gesprochen; er arbeitet augenblicklich außerhalb von Dresden.

Ich soll dir von Bob ausrichten, du möchtest nicht böse sein, sagt Teres, während sie mir einen Rum eingießt, aber wir fahren nicht mit in die Hohe Tatra! Für mich ist das nichts, die Tatra! Ich brauche meinen Urlaub, um auszuspannen! Bei dir ist das etwas anderes, du lebst nicht in so einem Streß wie ich!

Da ich schweige, erzählt sie mir, wie sie Bob kennengelernt habe. Damals sei er ein so lauter und lustiger Kerl gewesen, er habe einfach nicht zu ihr gepaßt! Doch jetzt sei er anders geworden, passe besser zu ihr!

Als ich Bob kennenlernte, sage ich, fiel mir auf, daß in seinem Gesicht eine ganz merkwürdige Art von Trauer war.

Beinahe allabendlich haben Mirjam und ich unsere Plauderstunde im Bad. Während Mirjam duscht, sitze ich, ein Weinglas in der Hand, auf einem Hocker.

Heute erzählt Mirjam von den Jugendbibeltagen, die sie besuchte. Der

Pfarrer habe in der Predigt gesagt, die Erde sei nicht unsere eigentliche Heimat, das Erdendasein sei eine Art Zwischenstation, und der menschliche Körper sei das Zelt auf dem Campingplatz Erde mit begrenzter Zeltgenehmigung. Nur sei das keine Touristenreise, sondern eine Dienstreise, an deren Ende Rechenschaft abgelegt werden müsse.

Ich staune. Zwar bin ich zum Religionsunterricht gegangen und konfirmiert, doch so etwas habe ich noch nie gehört.

Die Anfrage eines Mädchens habe es gegeben, erzählt Mirjam weiter: Könnten gute Sozialisten auch in den Himmel kommen? Nein, habe der Pfarrer geantwortet. Jemand habe eingeworfen: Das sei aber ungerecht, die würden doch auch Gutes tun! Der Pfarrer habe gesagt, es gebe auch schlechte Motive für gute Taten! Die einen wollten nur ihr Gewissen beruhigen, und die anderen möchten zeigen, was für gute Menschen sie wären! Ma? Ich glaube, für den Pfarrer gibt es gar keine guten Sozialisten!

So denken heutzutage viele, sage ich. Neulich in der Oper hat mich jemand gefragt: Bemerken Sie gar nicht, daß Sie zwischen zwei Stühlen sitzen?

Zwischen zwei Stühlen? wiederholt Mirjam.

Ich wußte erst auch nicht, was gemeint war. Aber Sie sind doch menschlich! war die Antwort.

Warum sollst du nicht menschlich sein?

Es hat schon Gründe, daß manche so denken. Vielen Sozialisten ist ihre Idee abhanden gekommen und mit der Idee die Menschlichkeit.

ABNAHME DER ZWEITEN LOGE
Februar 1983

Mittelfläche und Seitenflächen meiner Loge sind gemalt, heute findet die Abnahme statt. Mittags ist es dann soweit: meine zweite Proszeniumsloge wird abgenommen! Ich soll noch einige Schwärzen weicher in die Helligkeiten übergehen lassen, sonst kann alles so bleiben. Fertig! Die zweite Loge. Ein wenig bin ich ratlos, kann mich auch nicht richtig freuen, Nun habe ich in der Oper nur noch den kleinen Rest im oberen Treppenvestibül zu malen.

Vor meiner Loge räume ich die Farbgläser zusammen, sammle Papierstreifen auf, die überall herumliegen, fotografiere die Loge von verschiedenen Seiten und ziehe dann meine Scheinwerfer aus der Verteilerdose. Fertig. Unbegreifbar. Fertig.

Ich schlendere zum oberen Treppenvestibül, wo noch immer die Stukkateure an Balustraden und Marmorsäulen arbeiten, und klettere hoch auf mein Gerüst. Viel ist wirklich nicht mehr zu tun an meiner Viererkappe. Wenn ich langsam male, reicht die Arbeit vielleicht noch eine Woche. Danach muß ich aber endgültig gehen.

Ich sitze und sinne nach. Ich kann mir nicht vorstellen, wieder Tag für Tag allein im Atelier zu arbeiten, und dennoch werde ich es lernen müssen, wieder ohne die Oper zu leben, ohne unser Miteinander. Das Wichtigste hier sind doch die Menschen, denke ich. Man braucht gar nicht immer miteinander reden, es genügt oft, wenn sie lächeln, genügt zu wissen, sie sind da. Man spricht offiziell viel und gern davon, wir Künstler wären geborgen in unserer Gesellschaft. Ich habe immer kämpfen müssen um Arbeit, lebte alle Zeit in Existenzangst; – nein, nicht alle Zeit, jene nicht, die jetzt zu Ende geht. Geborgen in einer Gemeinschaft – in der Schule fühlte ich solches kaum, in der Hochschule etwas mehr, hier an der Oper sehr.

Ich glaube, die Geborgenheit in dieser Menschengemeinschaft an der Oper weckte in mir den Mut, mich in meinen Möglichkeiten und Grenzen anzunehmen, mich auch zu widersetzen dem, was mir nicht entsprach. Werde ich mich bewahren können oder wieder verlieren? Ich muß lachen. Wieso eigentlich glaube ich, mich gefunden zu haben? Erstrebe ich es überhaupt? Was käme danach? Bin ich nicht einfach nur unterwegs? Unterwegs auch zu mir?

Ich erhebe mich dann und laufe zum vierten Rang. Mara ist unterdessen nach Hause gegangen. Ich stelle meine Farbbüchsen in ihre Kiste, denn sie wird noch eine Weile hier an den Balkonbrüstungen arbeiten. Danach suche ich nach Tilo und Timm.

Unser ZIRKEL SCHREIBENDER ARBEITER DES GRAFISCHEN GROSSBE-TRIEBES VÖLKERFREUNDSCHAFT hat sich die Aufgabe gestellt, für die Arbeiterfestspiele im Jahr 1984 eine Broschüre und ein Programm über den Wiederaufbau der Dresdner Semperoper zusammenzustellen. Dieses Programm mit Texten und Musik wollen wir im Festspielort vorstellen. Meine schreibenden Freunde wünschen sich nun, von den Erbauern der Semperoper interessante Geschichten zu erfahren. Tilo und Timm will ich an das für heute Abend vereinbarte Treffen in meinem Atelier erinnern.

Komm mit! Beide sind vorhin zur Exedra gegangen! sagt Richard.

Die Exedra, eine halbrunde, mit verschiedenen Bildmotiven bemalte Nische an der vorderen Außenfassade der Oper, habe ich bisher nur von unten, vom Bauplatz aus, gesehen. Wir laufen nun auf einem schmalen Brettergerüst außerhalb der Oper entlang und steigen dann eine kleine Leiter hinab. Hier stehen Tilo und Timm.

Ich schaue mich um. Vor mir, nah und nie aus dieser Höhe betrachtet, die Katholische Hofkirche. Daneben das Schloß. Und unten unser Bauplatz.

Tolle Aussicht! sage ich.

Hier hat Hitler einst gestanden! sagt Richard.

Hitler? frage ich.

Jaja! Hat hier gestanden und dem Platz seinen Namen verliehen! Adolf Hitler-Platz hieß er einmal, der Theaterplatz!

Man müßte viel mehr wissen! meint Tilo. Ich habe mich auch ein biß-chen mit der Historie beschäftigt! Ich darf doch jetzt Führungen machen in der Oper!

Da kannst du ja meine Literaturfreunde führen! schlage ich vor.

Geht in Ordnung! verspricht Tilo.

Falls es Euch interessiert, erzählt Richard, im Jahr dreiunddreißig, da brüllten die Nazis den Dirigenten von Rigoletto, den berühmten Busch, nieder! Und der Bühnenbildner Karl von Appen hißte auf der Oper die rote Fahne! Dreiunddreißig!

Karl von Appen? frage ich.

Kennst du ihn? fragt Richard.

Ich war noch ein Schulmädchen und wollte Bühnenbildner werden! Ein Praktikum im Malsaal, alles von unten her erlernen, das plante ich. Doch der Mann sagte, ich sollte nach dem Abitur wiederkommen. Dann wollten wir die Zeichnungen auswählen, mit denen ich mich an der Hochschule für Bildende Künste für die Fachrichtung Bühnenbild bewerben sollte.

Und hast du die Prüfung bestanden? möchte Tilo wissen.

Durchgefallen! sage ich.

Du auch? Tilos Augen leuchten.

Als ich nach Hause komme, hat Mirjam Besuch von mehreren Mitschülerinnen und Schülern. Man unterhält sich und streitet und lacht zuweilen.

Ich begebe mich ins Atelier und öffne die Briefe; unter ihnen ist ein Brief vom Rundfunk, in dem ein Dramaturg – nicht der Betreuer meiner Malergeschichte – schreibt, sie hätten Interesse an der Geschichte vom Emigranten, jenem Emigranten, der »in Nichts« so ist, wie man sich einen Emigranten vorstellt. Ich zeige ihn Oma-Elisabeth: Klingt hoffnungsvoll, sage ich. Warte nur ab, was sie an dieser Geschichte wieder auszusetzen haben! meint sie.

Am Abend kommen Tilo und Timm und meine schreibenden Freunde. Wir essen und trinken und plaudern.

Einer fragt nach der Exedra. Tilo steht auf, kramt in seiner Tasche und bringt ein Bibliotheksbuch heraus. Die Exedra – ja, wie steht das hier? Neues Konzept Sempers nach dem Scheitern der Volksrevolution. Revolution von oben! Und die Exedra eine Art Bühne! Macht des Herrschers und Macht der Kunst werden hier eins! Habt Ihr das gewußt?

Womit du dich beschäftigst! wundert sich Timm.

Diese Triumphnische – hört mal zu – ist die monumentale Markierung des Tangentialpunktes, in dem das Theater der Kunst und das Theater der Politik einander treffen! liest Tilo vor.

Wir haben in unseren Beiträgen schon einen über die Exedra, unterbricht ihn der Leiter unseres Schreibzirkels. Wir würden gern einige andere interessante Geschichten hören!

Und so erzählen Tilo und Timm nun Horrorgeschichten, die wir weder in unsere Broschüre, noch in das Programm aufnehmen können. Wir kommen aus dem Lachen nicht heraus und vereinbaren ein zweites Treffen.

Später bereite ich mein Bett auf der Liege im Atelier und lese. In Mirjams Zimmer streitet man unterdessen nur noch zu zweit, und man lacht auch nicht mehr.

Mein Licht brennt, das Buch liegt auf der Bettdecke, als Mirjam – nun schon nach Mitternacht – ins Atelier kommt, um mir etwas Wichtiges zu sagen: sie hat es geschafft, die Erwartungen eines Freundes, sich in sein Lebensmodell einzufügen, nicht zu erfüllen!

Sie rüttelt mich, ruft mich. Vergebens, wie sie mir am anderen Morgen erzählt. Da legt sie eine Schallplatte auf – den Zigeunertanz von Sarrasate – und beginnt zu tanzen; schon als Vierjährige tanzte sie zu Sarrasate. Auch jetzt erwache ich nicht.

Am nächsten Tag ist Einlieferung für eine Sportausstellung, die in Vorbereitung des großen Sportfestes in Leipzig einen Monat lang im Glockenspielpavillon des Dresdner Zwingers hängen soll. Einige meiner Kaukasus-Entwürfe habe ich zwar fertig geschnitten, aber noch nicht gedruckt; so gebe ich ältere Arbeiten.

Als ich mit meiner Mappe die Treppen wieder herabsteige, steht Mara neben ihrem weißen Auto auf dem Parkplatz vorm Schloß. Sie erzählt, der Graf von Monte Christo habe im Atelier einen Karton frischer Hühnereier vom Dorf abgestellt, und wir könnten morgen Eierlikör zubereiten; Kaffeesahne und Sprit habe sie schon besorgt.

Ich sei morgen nicht mehr da, sage ich und versuche zu begreifen, was ich da sage.

Ach, wirklich? meint Mara. Schrecklich! Immer mehr gehen fort! Du auch! Wie denkst du, machen wir jetzt gleich den Eierlikör?

Mara rührt die Zutaten untereinander, die ich in einen Topf schütte. Dann kosten wir.

Köstlich! rufe ich aus.

Nimm dir ein ordentliches Glas! sagt Mara, ich nehme auch eins, lasse das Auto stehen. Da bist du also morgen wirklich nicht mehr da?

Nachdem wir den Eierlikör in Flaschen gefüllt haben, laufen wir zusammen zur Straßenbahn. Ich fahre mit Mara, die wie Babett in Laubegast wohnt, will zu ihr und Angelika.

Babett hat Unglaubliches zu berichten. Stell dir vor, Oma-Linda ist weg! Seit vier Wochen schon ist sie verschwunden! erzählt sie.

Babetts Vater hatte seine Mutter in Magdeburg einäschern lassen, und danach sollte die Urne nach Schönebeck gesandt werden, denn Oma-Linda hatte die letzten zwanzig Jahre dort gelebt. Der Termin für die Beisetzungsfeier stand schon fest, da schrieb ihre Schwägerin, Oma-Linda habe bei ihrem letzten Besuch den Wunsch geäußert, in Halle begraben zu werden, weil sie dort die glücklichsten Jahre ihres Leben verbrachte.

Nun mußte Vater alles umbestellen! erzählt Babett weiter. Das Problem ist aber: der neue Beisetzungstermin in Halle kommt immer näher, die Urne mit Oma-Lindas Asche ist jedoch bisher nicht in Halle angekommen! In Magdeburg oder Schönebeck befindet sie sich aber auch nicht mehr! Stell' dir das vor, Oma-Linda ist im Postmietbehälter unterwegs!

Seltsam, sage ich, sie war ihr Leben lang reisefreudig! Nun reist sie sogar nach ihrem Tod durch die Welt!

Eine Schande ist das! schimpft Babett. Jetzt gibt es in der DDR nicht mal mehr Benzin, um die Urnen zu den Friedhöfen zu fahren! Sie schicken die Urnen mit der Post! Wer weiß, wer die Urne gestohlen hat!

OSTRAWA UND DIE MALA FATRA
Mai 1983

Eröffnung meiner Ausstellung im Klubhaus am Wasaplatz. Vorher treffe ich mich mit Bob, der die einführenden Worte sprechen soll. Wir schauen uns noch einmal die Ausstellungsräume an. Fast vierzig Arbeiten von mir – Graphiken, aber auch Ölbilder – wurden hier in mehreren Räumen gehängt. Es fällt Bob schwer, sich auf die Bildwerke zu konzentrieren. Teres und er sind am Wochenende umgezogen in eine kleinere Wohnung, die Bob behalten könnte, falls Teres wirklich in ihre Heimat zurückginge. Teres jedoch mißfällt diese Dachgeschoßwohnung in einem Dresdner Arbeiterviertel, sie ist unglücklich, empfindet die Geräusche der Straße wie auch das laute Gezwitscher der Vögel als unerträglich.

Viele Bekannte, Freundinnen und Freunde sind zum Klubhaus gekommen, die Sitzplätze reichen nicht. Zum ersten Mal habe ich einige der umstrittenen Arbeiten der Kaukasus-Blattfolge öffentlich ausgestellt. Man gratuliert mir zu ihnen und schenkt mir Blumen. Tilo stellt mir seine Eltern vor. Er freue sich schon auf unseren gemeinsamen Urlaub in der Mala Fatra, sagt er.

Hinterher feiern Ute, Bob und ich in einem Cafe. Ziemlich spät bin ich dann zu Hause. Staune: Pedro sitzt im Atelier! Er fragt, ob ich mit einer Dresdner Delegation nach Ostrawa in die Tschechoslowakei fahren wolle.

Bald darauf, am vereinbarten Treffpunkt im Hauptbahnhof – nachts halb zwei Uhr – stehen vier Männer und eine Frau. Im Zug erster Klasse setzen sich die Frau und ihr Mann zu mir, die anderen Männer gehen ins Nebenabteil; ich bin ihnen wohl nicht geheuer. Wer ist die? Was will die? höre ich. Wer hat die mitgeschickt? Ach, der? Es folgt ein Lachen.

Wir dösen im Morgendämmer. Landschaften gleiten am Fenster vorbei. Die Sonne schiebt sich hinter Häusern hoch. Prag, noch sehr früh am Morgen. Sonnenlicht, blühende Sträucher. Geschäftige Menschen. Stunden dauert die Fahrt von Prag nach Ostrawa. Wir liegen in weichen Sesseln.

Ostrawa. Wir werden mit Autos abgeholt und in die Beskiden gefahren. Der Betrieb, zu dessen Jahrestagsfeier wir eingeladen wurden, besitzt hier ein Ferienheim.

Am anderen Morgen sind die Berge in Nebel gehüllt. Vorm Haus auf der Terrasse treffe ich Gäste aus Grusinien, hochgewachsene, schwarzgelockte Männer mit dicken Schnurrbärten und edlen Gesichtszügen, freundlichrunde Frauen mit viel Flitter. Später sitzen wir im Bus, der uns zur Festveranstaltung bringen soll.

Die Grusinier schmettern ihre Lieder trotz des Regens, der die Scheiben herunterfließt. Wir Dresdner haben nach dem gestrigen Empfang – dem vielen Wodka und Sekt – mit uns selbst zu tun. Und schon reicht man uns im Kulturhaus erneut Wodka, Sekt und Kaffee.

Nach der Festveranstaltung und dem nachfolgenden Essen wollen meine Dresdner zur Stadt, um einige Dinge einzukaufen, denn sie müssen morgen wieder zurück. Ich hingegen will von hier aus in die Mala Fatra fahren. Wie ich dahin komme, weiß ich allerdings noch nicht.

Unsere Dolmetscherin Milena, ein schönes Mädchen, begleitet uns in die Stadt. Sie hat einen älteren Herrn bei sich, der gekleidet ist wie ein Playboy, an den Händen schwere goldene Ringe. In der Bar des Kaufhauses – die anderen sind zum Einkaufen – holt der Playboy Cognac für Milena und mich. Er spricht deutsch und möchte, daß ich ihn in Poprad, wo er ein Haus besitzt, besuche. Ich könne bei ihm wohnen, solange und mit wem ich wolle.

Nachdem Milena von den Dresdnern zum Übersetzen geholt wurde, bin ich mit dem Playboy allein. Ich frage nach seinem Leben und wo er so gut deutsch gelernt habe. Da geschieht etwas mich außerordentlich Verwirrendes. Vor einiger Zeit erfand ich eine Geschichte, und diese meine Geschichte erzählt mir der Playboy jetzt als sein persönliches Leben! Mir wird es unheimlich. Ich möchte fort von dem Mann, rutsche vom Barhocker.

Ich gehe einkaufen! Wir treffen uns am Parkplatz bei den Autos! sage ich so bestimmt, wie ich kann.

Der Playboy protestiert: Nein! Das lasse er nicht zu, daß ich allein losginge! Er faßt mich am Arm. Was ich denn kaufen wolle?

Ich wisse es noch nicht, antworte ich.

Überall will er mir nun etwas kaufen, und immer lehne ich ab. Dann fragt er nicht mehr, sondern beschenkt mich mit einer Riesenpralinenschachtel. Auch zum vereinbarten Treff bei den Autos begleitet er mich, hält, neben mir hereilend, seinen Regenschirm über meinen Kopf und quetscht sich dann neben mich ins Auto.

Nachdem wir ausgestiegen sind, rennt der Playboy neben mir her zum Eingang des Kulturhauses, wo noch weitere offizielle Veranstaltungen stattfinden werden. Als man ihn nicht hineinlassen will, prügelt sich er sich mit den Männern am Einlaß, schlägt um sich mit dem Stockschirm, der schon verbogen ist.

Ich mache Milena auf die Prügelei aufmerksam. Sie winkt lächelnd ab. Auch das bringt mich zum Grübeln. Was ist das für ein Mann? Er hatte mir angeboten, mich morgen Nachmittag in die Mala Fatra zu fahren! Was wollte er wirklich?

Hüglig-heitere Landschaften in der Morgensonne. Berge in schimmerndem Grün – am nächsten Vormittag erleben wir eine Rundfahrt durch die Beskiden. Und auf einmal sehne ich mich nach anderen Bergen, den blauweißen der Mala Fatra. Heute Abend werde ich – hoffentlich – bei ihnen sein.

Mit einhundertfünfunddreißig Stundenkilometer rasen wir nach der offiziellen Verabschiedung nach Ostrawa. Wir überholen in Kurven, jagen unter sich senkenden Schranken hindurch und sind gerade noch rechtzeitig am Bahnhof. Meine Leute umarmen mich, hasten dann die Treppe zum Bahnsteig hinauf.

Ich stehe unterdessen mit meinem Gepäck in der Bahnhofshalle. Mein Gepäck, das sind Rucksack und Reisetasche, angebunden an diese die Gastgeschenke – ein Küchenbrett mit Löffeln und eine elektrische Küchenuhr. Auf dem Rucksack klemmt die Riesenpralinenschachtel.

Der für uns Dresdner Gäste verantwortliche Karel winkt kurz, als er vom Bahnsteig zurückkommt, und geht dann zu den Autos.

Einer der Fahrer, jung und groß, dunkel wie ein Zigeuner, holt mich und mein Gepäck. Nun stehe ich neben seinem Auto, hoffend, daß ein Wunder geschehe und man mich trotz des gegenwärtigen Benzinnotstandes, der nicht nur die DDR, sondern alle sozialistischen Länder betrifft, nach Vratna bringen könne. Höre aus dem Gespräch zwischen Karel und dem Fahrer das Wort »Zilina« – ein Ort nahe Vratna – heraus. Sehe, der junge Mann bekommt einen Fahrauftrag. Werden Wunder wahr? Es ist noch nicht ganz vollkommen, das Wunder. Aber der Schwarzgelockte erschafft es. Chata Vratna? fragt er so lange, bis Karel nickt.

Der Fahrer lächelt mich an. Ich umarme Karel.

Maimittag. Blendend hell die Sonne. In den Gärten leuchtet das Grün. Ich sitze vorn beim Fahrer im riesigen Auto.

Eine Kleinstadt mit einem Jahrmarkt. Schwanenkarussels vor tiefblauem Himmel, sie dudeln alte Schlager. Der Fahrer hält und steigt aus. Rosa Zuckerwatte in der Hand, kommt er zurück. Mit einer Verbeugung überreicht er sie mir.

Danke! Ich starre die Watte an. Nie habe ich Zuckerwatte gegessen! Von Zeit zu Zeit lächelt mir der Fahrer zu, wie ich mit der Watte kämpfe. Ich klebe überall, verdrehe die Augen. Der Fahrer lacht und fährt wie ein Gott.

Ein Traum, diese Fahrt! Blühende Bäume überall! Sonne über kleinen Häusern! Man stürzt von Bild zu Bild, meint zu ertrinken. Bin ich vielleicht auf dem Weg ins Paradies? Auch der Mann paßt zum Paradies! Wir fahren durch Zilina, dann die Straße hinauf ins Vratna-Tal. Weiße Wattebälle, die Bäume am Straßenrand, dahinter Berge in kühlem Blau. Auf den Spitzen liegt Schnee.

Der Fahrer schaut und läßt mit einem Ausruf des Entzückens das Lenkrad los. Jesusmaria! flüstert er.

Chata Vratna. Er trägt mein Gepäck bis zum Tisch im Speisesaal, wo meine Dresdner Freundinnen und Freunde beim Abendbrot sitzen.

Ich gehe danach mit dem Mann zum Auto zurück.
Wir stehen voreinander. Er beugt sich herab. Wir küssen uns.

Tag für Tag in den Bergen. Ich wandere mit meinen Freundinnen. Tilo,
der mit seiner Frau zum ersten Male mitgefahren ist, zuckt jeden Morgen,
wenn wir uns beim Abputzen der Schuhe treffen, bedauernd die Schultern.
Seine Frau möchte nicht mit Künstlerinnen wandern.

Sonniges Wetter. Bizarre Felsen, weißschäumendes Wasser. Bäume, die
flimmern wie Silber. Blaue Buchenwälder, und der Himmel darüber dunkelblau. Himmelschlüsselwiesen.

ARBEITSSOMMER
Juni 1983

Ein Mitarbeiter Pedros hat Geburtstag und lädt alle zu Kaffee und Kuchen ein, als ich die mir aufgetragenen Grüße der Freunde aus Ostrawa überbringen will. Habe es mir denn gefallen in Ostrawa? will man wissen. Lustige Geschehnisse am Rande sind gefragt. Die Geschichte vom Playboy bringt die Leute zum Lachen; ich allerdings bin noch nicht fertig mit diesem Mann. Pedro sucht nach Karels Adresse; in der Hast des Abschieds vergaß ich, sie mir geben zu lassen. Ich möchte mich bei ihm noch einmal bedanken und ihm eine kleine Graphik senden. Pedro vermutet, er habe die Adresse wohl zu Hause, wir könnten hinfahren, wenn er die Post durchgesehen habe. Das Haus, in dem Pedro wohnt, ist eines der ersten, die nach dem Kriege erbaut wurden. Am Kellerfenster der Kunstakademie auf der Brühlschen Terrasse sitzend – der Keller war unser Studienraum –, habe ich diesen Häuserblock ebenso wie die Ruine der Frauenkirche – viele Male gezeichnet. Ich weiß noch, wie man ihn zu bauen begann und wie er täglich wuchs. Innen jedoch sehe ich ein solches Haus zum ersten Mal. Das marmorne Treppenhaus bestaunend, urteile ich: ein wenig Moskauer Metro, ein wenig Krematorium.

Und dann sitze ich in einer Wohnung und schaue mich um. Über einem flachen Schränkchen hängend ein Bild, eine Landschaft von der Krim, flimmernd vor Helligkeit. Pedro schnitt diesen Holzschnitt nach einem Entwurf von mir. Und es gab eine Zeit, da kaufte er Tag für Tag – so erzählte er es uns – eine Rose und stellte sie in eine Vase unter das Bild.

Er findet die Adresse nicht! ruft Pedro aus dem Nebenzimmer.

Du staunst? fragt er, mir ein Glas Wein reichend. Der Holzschnitt hat immer hier gehangen!

Als ich nach Hause komme, liegt ein Brief vom Rundfunk da. Es gebe Schwierigkeiten mit dem Hörspiel vom Emigranten, schreibt mein neuer Dramaturg. Man müsse das konkrete Bezugsland verschwinden lassen, damit es keine diplomatischen Verwicklungen gebe. Nun stehe die Frage, entweder ein anderes Bezugsland zu finden, bei dem keine diplomatischen Verwicklungen zu erwarten wären, oder ganz auf ein Bezugsland zu verzichten. Geändert werden müsse natürlich auch der Name des Emigranten, damit er keine Deutung auf irgendein Land zulasse.

Abends habe ich mich dann entschieden: kein konkretes Bezugsland, der Name des Emigranten aus einem Märchen.

Wochenlang drucke ich nun. Möchte daß drei oder vier Farbplatten ineinanderfließen wie Malerei. Die Drucke breite ich auf dem Fußboden des

Ateliers aus, belege die Liege, Regale und Plattenspieler. Die Drucke müssen einige Tage liegen bleiben, denn sie sind noch feucht. Da ich vorläufig nicht weiterdrucken kann, wasche ich Druckstöcke und Farbwalzen mit Terpentin ab, zuletzt die Glasplatten, auf denen ich die Farben zubereite und mit den Druckwalzen entnehme, um sie auf die Druckstöcke aufzutragen. Danach bürste ich meine Hände; sauber bekomme ich sie nicht. Ich begebe mich zu Mirjam und bitte für einige Nächte um Asyl.

In den nächsten Tagen drucke ich weiter, doch sehr bald habe ich das Druckpapier aufgebraucht und muß neues holen. So nahe meiner Semperoper überkommt mich Sehnsucht. Noch besitze ich alle Schlüssel für die Oper.

Im Künstlerateliers stelle ich die Papierrolle ab, und da niemand im Atelier arbeitet, begebe ich mich in die Oper hinein.

Schon läuft mir Tilo über den Weg. Man hatte ihn, wie er gleich erzählt, zu einer Nachprüfung in die Fachschule für Restaurierung geladen, und er glaubt, dieses Mal die Aufnahmeprüfung bestanden zu haben.

Ich freue mich mit dir, sage ich. Frage nach Mara und Ute.

Sie sind heute nicht da, antwortet Tilo. Aber sag' mal, wie lebst du denn nun ohne die Oper?

Ich lebe nicht ohne die Oper! Ich schreibe ein Buch für sie!

Toll! sagt Tilo.

DER LETZTE TAG AN DER OPER
September 1983

Ich will die Baustelle durchs Künstlerpförtchen betreten, aber die Brettertür ist zugenagelt. So laufe ich am Zwingerteich vorbei zum Hintereingang der Oper. Dem jungen, mir unbekannten Pförtner zeige ich meinen Baustellenausweis.

Da fehle ein Stempel! sagt er.

Bin heute zum letzten Mal hier, ich will nur meine Sachen holen, entgegne ich.

Gehen Sie in die Verwaltung und holen den Stempel! beharrt der Mann. Seine Augen flackern.

Gut, ich bin ein friedlicher Mensch, also gehe ich zur Verwaltung, bekomme den Stempel und laufe zur Baustelle zurück. Das Pförtnerhaus ist leer.

Nun liegt sie vor mir in der Morgensonne, meine Oper! Doch ich komme nicht dazu, wehmütigen Gedanken nachzuhängen, denn hinter mir schreit plötzlich der Pförtner und fuchtelt mit den Armen. Ich halte meinen Ausweis hoch.

Zurück! Aber dalli! brüllt der Mann.

He, he, Kumpel, sage ich und gehe langsam auf ihn zu. Er reißt mir den Ausweis aus der Hand und dreht ihn mißtrauisch.

Da kommt die Pförtnerin, die seit Jahren auf der Baustelle ist, winkt mir zu und ruft: Irgendwelche Schwierigkeiten? Sie gibt mir die Hand.

Wortlos reicht mir der junge Pförtner den Ausweis zurück.

Über Baugruben balanciere ich auf Brettern, dann, auf festem Boden, fühle ich Sägespäne unter den Schuhen. Holzscheite liegen herum und abgebrochene Äste der im Baugelände stehenden uralten Bäume. Ich muß an einem Wassertümpel vorbei; im Lehmmodder leuchten weiße Helme. So arbeite ich mich voran bis zum Künstleratelier. Hier stehen die Sonnenblumen hoch und stark, die Pforte ist zugewachsen, das Atelier verschlossen. Ich schließe auf und kleide mich um.

Dann gehe ich in die Oper. Richard, Edward und Timm begrüßen mich. Tilo ist nicht mehr an der Oper, er hat im Herbst das Studium in der Fachrichtung Restaurierung begonnen. Ich gebe Richard die Flasche, die ich mitgebracht habe, um mich auf Baustellenweise von ihnen zu verabschieden; vorher aber will ich noch einiges fotografieren.

Durchs Rundfoyer laufe ich zum hinteren Treppenvestibül; Ute arbeitet hier mit Hannes. Ich lade sie ein, nach dem Mittagessen meinen Ausstand zu feiern.

Als die Maler vom Essen zurückkommen, kriechen wir auf eine Bretteretage unter eine der Supraporten. Ich habe Kästen voller Fotos mit, Fotos von uns und der Oper. Wir trinken uns zu und wünschen uns das Allerbeste. Dann verabschiede ich mich von ihnen und klettere die Leiter hinab.

Ziellos bummle ich nun durch die Gänge, betrachte alles noch einmal, was ich gemalt habe. Treffe die Stukkateure. Teilnahmsvoll umringen sie mich.

Was wirst du nun tun, Mädel? Wirst du Geld haben, um zu leben? Unser Angebot steht: kannst bei uns anfangen, wenn du willst! Ach, da ist übrigens ein Neuer bei uns! Der möchte mit in deinen Malzirkel kommen!

Sie holen ihn, ich schreibe seine Adresse auf.

Danach gehe ich in den Zuschauerraum, hier arbeitet Ulliboy. Wir setzen uns, schauen auf die mattglänzenden Ränge und schweigen. Reden war nie Ullis Stärke, und heute sitzt auch mir etwas Merkwürdiges im Hals.

Als ich aufstehe, um zu gehen, umarmt mich Ulli. Ich solle ihn einmal besuchen, er richte jetzt seine Wohnung vor. Einen kleinen Kater, den er in der Oper fand, habe er mitgenommen.

Geburtsort Semperoper, sage ich leise. War sie das nicht auch ein wenig für uns, Ulli?

Im Atelier suche ich meine Sachen zusammen: Pinsel, Malstock, meine bulgarische Pelzweste. Den Beutel über der Schulter, Fotoapparat in der Hand, laufe ich langsam über den Bauplatz; leicht dunstig in der mittäglichen Septembersonne liegt er rings um mich. Immer wieder fotografiere ich ihn. Wie soll ich begreifen, daß ich nun für immer von hier fortgehe? Dennoch, Schritt um Schritt entferne ich mich von »meiner« Oper.

Ein Betonmischer rast vorbei und hüllt mich in eine Wolke von Staub. Der letzte Gruß der Oper, denke ich. Nein, nicht der letzte. Die Pförtnerin drückt mir die Hände: Kommen Sie nur wieder, so oft Sie wollen!

Ehe ich mich versehe, befinde ich mich auf der Straße, gehe am Bretterzaun entlang, den schon lange kein buntes Bildband mehr schmückt. Busse halten vorm Zaun. Moskau, lese ich. Touristen steigen aus, ich bin plötzlich mitten unter ihnen. Ein junges Paar, eng umschlungen, späht durch die Ritzen des Zaunes. Moskau – ein Vierteljahr war Mirjam alt, als ich eine Studienreise nach der Sowjetunion bekam. Nun wird Mirjam nach Moskau fahren; sie hat die Reise als Sonderpreis in einem Wettbewerb für junge Poeten gewonnen. Ich muß ihr eine neue Kutte kaufen, Stiefel braucht sie und einen dicken Pullover. November in Moskau – ich war im September dort. Da fiel schon Schnee.

Zu Hause ist die Familie versammelt. Ich stelle Beutel und Malstock im Korridor ab. Wir sitzen, trinken Kaffee und erzählen. Da kommt unsere Angelika ins Atelier, hinkend auf meinen Malstock gestützt. Alle lachen. Die Kleine legt den Malstock beiseite und zieht meine Pelzweste an. Unterdessen haben sich die Katzen den Malstock genommen und schieben ihn spielend vor sich her.

Mein Stock! Mein Stock! protestiert Angelika.

Von wegen! ruft Babett. Das ist ein Malstock der Semperoper! Der kommt einmal ins Museum! Da wirst du wohl jetzt wieder künstlerischer Einzelkämpfer? fragt sie mich.

Ich gehe wahrscheinlich auf eine andere Baustelle, sage ich, zum HOTEL BELLEVUE!

Was! ruft Babett aus. Und wann soll ich mir das zweite Kind anschaffen? Du hast immer gesagt, ein Kind allein ist nicht gut!

Da bin ich erst mal dran! wirft Mirjam ein.

Deine Töchter, sagt Oma-Elisabeth.

DIE LETZTE PRÄMIE
Mai 1984

Eine Karte im Briefkasten, von Ute. Wir hätten wieder eine Prämie erhalten und wollten zusammen wandern, schreibt sie, dieses Mal in die Edmunds-klamm bei Hrensko in der Tschechoslowakei. Du kommst doch mit?

Es gießt, während ich frühstücke.

Da wird keiner am Bahnhof sein, vermutet Oma-Elisabeth, die mir nachschaut, als ich zum Fahrstuhl gehe.

Oma hat nicht recht. Neben dem grauschwarzen Zug warten schon einige Kollegen, die von auswärts gekommen sind: Herr Gamma aus dem Erzgebirge und unser ältester Opernmaler Willibald. Wenig später nahen Lisa und Hannes, er mit einem riesigen Stockschirm. Auf dem Schirm leuchtet eine große gelbe Sonne aus Pappe. Die Leute blicken ihm verwundert nach.

Bei uns angelangt, kramt er eine Handvoll Papiersonnen aus der Jacken-tasche – er hat sie aus Kinderzeitungen ausgeschnitten – und verteilt sie. Jeder befestigt seine irgendwo; sogar an Klebepaste hat Hannes gedacht. Lisa steckt sich die Sonne ins Haar.

In Niedersedlitz steigt Mara zu, und auch sie bekommt von Hannes den Sonnenorden. Sie klebt ihn auf den Ausschnitt und sagt: Hoffentlich wärmt er mich! Ihre flotte Lederjacke ist wohl etwas dünn. Wenn wenigstens der Regen aufhörte! meint sie.

Als wir an der Grenzstation Schmilka aussteigen, regnet es wirklich nicht mehr, doch es ist noch kälter als in Dresden. Auf der Fähre zieht Mara aus ihrem bauschigen Flickenbeutel Hüte heraus: Wer friert?

Herr Gamma aus dem Erzgebirge, einer der Stuccolustro-Männer, bittet um einen violetten Hut mit Blumengesteck.

Ausgerechnet den schönsten willst du haben! murrt Mara, den wollte ich doch aufsetzen! Sie stülpt den Hut auf Herrn Gammas Kopf. Nun sieht er wie ein Waldschrat aus.

Wir anderen möchten, obwohl wir frieren, keine Hüte. Mara quetscht sie wieder in ihren Beutel, einen setzt sie sich auf, aus schwarzem Filz, mit breiter Krempe.

Am anderen Elbufer angekommen, öffnet Hannes, unser Prämienverwal-ter, eine Blechbüchse und überreicht jedem einen Zwanzigmarkschein. Wir laufen zur Wechselstelle. Unterwegs kaufen die Männer – alle sind in leichte Anzüge gekleidet – am Kiosk Zeitungen und stecken sie unter ihre Hemden.

Wir gehen nun der Grenze zu.

Willibald stützt sich auf einen Spazierstock, der am Griff eine Öffnung hat. Seht mal! sagt er. Wir staunen: kleine Gläser mit heller Flüssigkeit lassen sich aus dem Spazierstock herausnehmen! Medizin! erklärt Willibald. Wenn ihr welche braucht, meldet Euch bei mir!

Kann man gleich mal kosten? frage ich.

Um Himmels willen! Hier an der Grenze! Da werde ich auf meine alten Tage noch als Schmuggler festgehalten!

Nein, Willibald wird nicht festgehalten. Nur, als Herr Gamma mit violettem Hut, ohne Tasche, ohne Schirm – der Mann hat ja gar nichts mit! – die Grenze überschreiten will, erscheint er den deutschen Grenzern verdächtig. Wir warten und warten auf Herrn Gamma.

Er wird durchsucht! flüstert Hannes. Hat denn keiner von euch den Baustellenausweis von der Semperoper mit?

Niemand hat ihn eingesteckt.

Geht nur immer zur tschechischen Grenzkontrolle, schlägt Hannes vor, ich warte hier auf ihn! Irgendwann muß er ja wiederkommen!

Die tschechischen Zöllner betrachten schmunzelnd unsere Sonnenorden. Auf ein Bier? fragen sie.

In Hřensko verkriechen wir uns in eine Gaststätte, hier wollen wir auf Hannes und Herrn Gamma warten. Gemütlich ist es, der eiserne Ofen strahlt Wärme aus. Und dann kommen Herr Gamma und Hannes. Empört erzählt Herr Gamma, was er erlebte. Wir hingegen lachen. Doch als ihm einer den Hut vom Kopfe ziehen will, hält er ihn mit beiden Händen fest. Den habe ich mir hart erarbeitet! Striptease und so! ruft er aus.

Den Grund entlang laufen wir zur Edmundsklamm. Bizarre alte Bäume. Äste und Wurzeln, sich im Wasser spiegelnd, erscheinen um so dunkler, je heller das Wasser glitzert. Langsam bricht aus dem Dunst das Licht.

Wir steigen in ein Boot. Der Gondoliere reicht uns die Hand, das Boot schaukelt. Der Gondoliere stakt uns die Klamm entlang. Er spricht, weist nach oben, zur Seite, läßt einen Wasserfall sprühen. Wir verstehen nichts, betrachten den jungen Kerl im Schafwollpullover, der an eine Märchenfigur erinnert. Hat nicht alles etwas von Märchen hier? Die nahen Felsen, hell besonnt nun. Weiße Wolken am Himmel und sich spiegelnd im Wasser. Grüne Pflanzen vor dem Weiß, zerfließend, sich schließend in langsam ruhigem Maß.

Wir verlassen das Boot. Eine Gaststätte, im Freien stehen Bänke, ein Holzfeuer raucht. Einige rösten Würstchen an Holzstäben, andere trinken Kaffee oder Wein. Warm ist es geworden, wir legen die Jacken neben uns.

Später laufen wir – erzählend – durch den Wald zu einer Höhe hinauf. Oben auf der Ebene eine Kirschbaumallee – wir wandern und wandern. Nachmittag ist es unterdessen, da entdecken wir eine Müllkippe. Ein halboffener Sack weckt unser Interesse. Mara sieht sicher schon die Stoffe zu textilen Bildern verarbeitet; sie gestaltet ja Wandbilder aus Stoffen.

Schauen wir nach? ermuntere ich sie.

Als wir gehen, hängt der Flickenbeutel prall an Maras Arm. Wir schauen uns um: wo sind die anderen? An der Kreuzung sitzen sie, an einen Gartenzaum gelehnt. Mara öffnet ein wenig den Beutel: Spitzen blitzen.

Dann geht es nach Hřensko hinab. Im Ort kaufen wir Ketchup, Senf oder Marmelade. Herr Gamma preßt drei Tüten Knödelmehl an seine Brust. Noch immer trägt er den violetten Hut auf dem Kopf; zum künstlichen Blumenschmuck des Hutes hat er noch einen Zweig mit winzigen Kirschen gesteckt. Noch ungewöhnlicher sieht er jetzt aus, als er sich der Grenze nähert. Nun lachen auch unsere Grenzer. Herr Gamma winkt ihnen lässig zu.

Als wir in Schmilka ankommen, ist unser Zug eben abgefahren. Wir suchen nach einer Gaststätte, doch diese haben entweder Ruhetag oder sind zu Ferienheimen geworden. Wir setzen wir uns auf eine Bank an der Elbe. Tief hängen die Wolken um die Berge. Kalter Wind läßt uns schauern. Wir rücken enger zusammen. Hannes spannt den Schirm auf.

Vielleicht bekommen wir im Herbst wieder eine Prämie, sagt er. Wo gehen wir dann hin?

Nach Meißen zum Spargelessen! schlägt einer vor.

Im Herbst zum Spargelessen? spottet ein anderer.

Dann gehen wir eben in die Pilze! meint Herr Gamma.

Es war schön mit Euch allen, sagt Willibald feierlich.

Ja, schön, stimmen alle zu.

MEIN SEMPEROPER-TAGEBUCH
Juni 1984

Im kommenden Jahr 1985 soll unsere Semperoper nach ihrer Zerstörung
im Februar 1945 wiedereröffnet werden. Für den Literaturwettbewerb
anläßlich der Arbeiterfestspiele habe ich mein TAGEBUCH FÜR EINE OPER
eingereicht. Das Semperoper-Programm unseres ZIRKELS SCHREIBENDER
ARBEITER, das wir im letzten Jahr erarbeiteten und das unterdessen als
Broschüre vorliegt, wurde schon einige Male in Dresden von einer Rezi-
tatorengruppe aufgeführt und erhielt viel Beifall. Man wertete es sogar als
»Profi-Programm«, und es hat Chancen, den Kunstpreis des Freien Deutschen Gewerkschaftsbundes zu erhalten. Bei den diesjährigen Festspielen
dürfen wir es allerdings nicht zeigen; als Beitrag unseres Bezirkes Dresden
wählten Juroren das Programm eines anderen Zirkels aus. Darüber ärgern
wir uns, andererseits freuen wir uns, schreibende Mitstreiter, die wir von
vergangenen Festspielen her kennen, wieder zu treffen.

Während wir nach der Preisverleihung in Grüppchen beisammen stehen,
läuft der Lektor eines Verlages auf mich zu. Seit Jahren gehört er zu den
Juroren der Literatur-Wettbewerbe; einmal haben wir beide den Festball
eröffnet.
    Meine Gratulation zum Preis! sagt er. Ich hatte dein Tagebuch zu begut-
achten! Habe von dir noch nie so etwas Spannendes gelesen! Nur leider wird
man diesen Text nicht veröffentlichen können! Die Sachen sind zu brisant,
einfach zu brisant!

Ach? wundere ich mich. Vor zwei Jahren fandest du, meine Figuren hätten keine Konflikte! Nun sind die Konflikte plötzlich zu brisant!

Schade, beendet der Lektor unser Gespräch, ein Tagebuch über den Wiederaufbau der berühmten Semperoper würde sicher viele Menschen interessieren! Alles Gute für Dich!

Siehst du, fügt eine schreibende Choreographin hinzu, warum mußt du auch so brisante Probleme ausbuddeln und dadurch die Leute provozieren!

Kaum hat sich der Lektor verabschiedet, kommt jener Mann, der uns die Preise überreichte, auf mich zu und wedelt mit einer Mappe. Hier, dein Preis! Du hattest ihn im Saal vergessen!

Schon wieder eine Provokation! flüstert mir Roswitha zu.

DER SCHMUCKVORHANG
Juni 1984

Ich erwache vom Duft gebratenen Specks. Blinzle. Über mir der Himmel ist dunkelblau. Weiß leuchten die Wände. Wo bin ich? In Albanien? Irgendwann war ich in Albanien. Da sehe ich die Blumen. Bienen umsummen sie. Wie warm es ist auf meinem Balkon!

Da habt ihr ja ein Wetter heute! sagt Mirjam, als wir frühstücken. Kannst mitkommen! Gehörst doch auch zu den Erbauern der Semperoper! Die Prüfungen, sagt sie bedauernd.

Ich fahre bis zum Großen Garten. Dort im Palais, in einem der Malsäle – dem größten wohl –, wurde der Schmuckvorhang der Semperoper neu gemalt. Sechzehn mal zwölf Meter mißt er und wiegt vierhundert Kilogramm. Auf einen Tunnelbaum gerollt, soll er heute vom Palais im Großen Garten zur Semperoper gebracht werden. Die Erbauer der Oper werden ihn tragen, und begleiten werden ihn fast alle, die in der Oper arbeiteten. Wir hatten geplant, uns für diesen festlichen Umzug in historische Gewänder zu kleiden; Vorabsprachen mit Verantwortlichen des Fundus der Staatstheater waren schon geführt. Irgend jemand aber fand – und er hatte die Macht zu befinden – so etwas dürfte nicht sein.

Junisonne auch heute, ungewohnt grell, ungewohnt warm. Sie blendet, als ich zum Palais laufe. Ute ruft mich, ich warte auf sie. Da kommt auch Tilo. Wir fallen uns in die Arme.

Du auch hier, Tilo? Was macht das Studium?

Bin illegal hier, antwortet er, muß nachmittags wieder nach Potsdam! Die Prüfungen! sagt auch er.

Da hast du das erste Studienjahr ja fast hinter dir! meint Ute.

Ich begreife es selbst kaum, sagt Tilo. Übrigens, meine Eltern waren von deiner Ausstellung begeistert, wendet er sich an mich. Sie wollen ein Blatt kaufen von dir! Ich soll dich grüßen von ihnen! Ich wohne doch jetzt wieder dort!

Wieso? fragt Ute. Ich denke, du hast eine Neubauwohnung?

Geschieden, sagt er.

Aber warum denn?

Hab' zu wenig Geld nach Hause gebracht!

Timm kommt auch nicht mehr zum Malzirkel, sage ich.

Ach ja, seufzt Tilo. Aber seht mal, dort!

Hinter einer Absperrung stehen vor dem Palais zwei Kräne. Langsam schwenken sie die Arme zu einem der Fenster des Palais. Verharren. Wir wissen, nun wird ihnen im Palais die vierhundert Kilo schwere Rolle angehängt und danach aus dem Palais gezogen.

Gebannt blicken wir zum Fenster. Dichtgedrängt stehen um uns die Leute, Bekannte und Unbekannte. Ein historischer Augenblick – langsam ziehen die Kräne die Last heraus, senken sie dann langsam, sehr, sehr langsam zur Erde. Da liegen Riemen unter der Rolle. Die Träger der Riemen – Künstler und Arbeiter der Semperoper – warten, daß die Rolle aus den Haken genommen wird.

Nun legen sich die Träger die Riemen über die Schulter. Doch als sie nun den Vorhang anheben wollen, geht mancher in die Knie. Die Riesenrolle soll durch den Großen Garten getragen und später in der Oper aufgezogen werden. Dieser Schmuckvorhang wurde nach einem Originalentwurf eines Professor Keller neu gemalt. Der Entwurf – der Professor hatte 1874/75 den öffentlichen Wettbewerb um den Schmuckvorhang gewonnen – befand sich noch in den Staatlichen Kunstsammlungen Dresden.

Über Parkwege schlendern wir, Mara, Ute und ich. Jemand drückt uns Marken in die Hand für einen Imbiß im Großen Garten.

Was für ein schöner Tag! meint Mara.

Wir nicken.

Ute erzählt von Axel. Er hat sich einer Band angeschlossen. Ansonsten arbeitet er bei der Volkssolidarität, betreut alte Mütterchen und Opas. Die Arbeit gefalle ihm, sagt Ute. Man sieht ihr an, ihr gefällt sie nicht.

Hat Mirjam nun einen Studienplatz? erkundigt sich Mara.

Nein, sage ich.

Der Umzug stockt, wir müssen stehenbleiben. Auf einmal sehen wir: zu beiden Seiten des Weges sind Buden aufgebaut. Tische stehen da. Menschen lagern im Gras.

Wir essen Würstchen und trinken Kaffee oder Bier.

Wie bei den Impressionisten, sage ich: festlich gekleidete Menschen im Grünen, essend, erzählend, Farben und Formen gebrochen durch Sonnengeflimmer.

Ulliboy winkt uns. Er sitzt mit Tilo und Edward unter einem Baum; Taschen und Fotoapparate hängen in den Ästen.

Wie geht es dem Katerchen? frage ich.

Gut, antwortet er. Er sieht jetzt ganz zerrauft aus. Was ich dich fragen wollte: Fährst du im Frühjahr wieder mit den Bergsteigern in die Mala Fatra? Nimmst du mich mit?

Auf dem Theaterplatz – noch immer ist er umzäunt, wenn auch schon viele Bauhütten fehlen – müssen wir warten. Ein Staatsbesuch wird

vorbeigeleitet – der Staatspräsident der Koreanischen Demokratischen Volksrepublik, eskortiert von Polizei. Auch an der Pforte des Bretterzaunes stehen Polizisten. Sie wollen unsere Ausweise sehen, ehe wir die Baustelle betreten dürfen.

Nun nicht mehr in alten Jeans, nicht mit Schutzhelmen, sondern in hellen oder dunklen, kurzen oder langen Röcken oder langen Hosen steigen wir hoch zum Zuschauerraum. Keine Holzverkleidung der Treppen mehr, es duftet auch nicht nach Wald. Nach Parfüm riecht es und ein wenig nach der Wurst, die wir alle gegessen haben.

Wir betreten den Zuschauerraum. Ungewohnt die Stille in der Oper. Der Kronleuchter und alle kleineren Leuchten brennen. Dann wird der Schmuckvorhang hereingetragen und an den dafür vorgesehenen Haken befestigt. Musik von irgendwo. Langsam schwebt der Vorhang nach oben.

Der Schmuckvorhang hängt. Ansprachen werden gehalten. Ein Dank der Auftraggeber und der zukünftigen Nutzer an die Erbauer der Semperoper. In den Stimmen zuweilen ein Zittern, viele Versprecher. Alle verstehen das: sie hat uns geschafft, unsere Oper.

Nach der Feierlichkeit treffen wir uns auf dem Theaterplatz; eine gemeinsame Dampferfahrt in die Sächsische Schweiz soll ein Dank an uns sein. Wir laufen zum Elbufer. Hell glänzend wartet das Schiff in der Sonne. Möwen kreisen über ihm und den Wellen. Mit Mara und Ute steige ich zum Oberdeck hoch. Das Schiff legt ab. Fährt. Unter dem Blauen Wunder hindurch, am Hosterwitzer Kirchlein und Schloß Pillnitz vorbei. Pirna, Obervogelgesang. Auf einmal ein Schrei: Leute! Schaut nach links!

Am Ufer ein Haus, ein Spruchband ist gespannt. Darauf steht: »Ein Hoch den Malern und Restauratoren der Semper-Oper!« Niemand von uns weiß, wer dort wohnt.

Edward, Timm und Ulliboy laden uns zu einem Cognac ein. Wir gehen dann auch zusammen zum Mittagessen in die Kajüte. Richard schließt sich uns an. Und wieder kommen Cognacs auf den Tisch. So sitzen wir bis zum Kaffeetrinken und erzählen. Immer wieder hört man die Frage: Wie geht es dir? Woran arbeitest du jetzt? Was macht die Familie? Und jedes dieser Gespräche endet mit einem Seufzer: Ja, das waren Zeiten an der Oper! Wißt ihr noch?

Kaffee und Torte wird serviert. Und wieder stehen Gläser auf dem Tisch. Wir prosten uns zu.

Etwas taumelig krabbeln wir später die Kajütentreppe hoch aufs Deck. Eine Kapelle spielt. Man tanzt. Nach einer Polonaise übers ganze Schiff gibt es Abendbrot. Wieder fahren wir am Hosterwitzer Kirchlein vorbei, das Blaue Wunder kommt in Sicht. Wir beschließen, mit dem Essen aufzuhören; uns ist nicht sehr gut. Aber dafür ist die Welt freundlich und warm, so freundlich und warm wie unsere Oper.

An der Brühlschen Terrasse hält das Schiff. Wolkenlos noch immer der Himmel. Neben dem Brett, das Schiff und Anlegestelle verbindet, steht der Oberbauleiter der Oper, Herr Jährig, und drückt uns allen noch einmal die Hand. Jedem sagt er etwas. Auch wir drücken ihm die Hand. Er war beliebt und wurde verehrt. Hat etwas Vornehmes, der Mann. Jetzt perlen Schweißtröpfchen auf seiner Stirn.

Nun verabschieden wir uns, umarmen und küssen uns. Als wir eben zur Straßenbahn wollen, Mara, Ute und ich, faßt uns jemand am Arm. Frau Mantius, die blonde Frau unseres künstlerischen Leiters, lädt uns für den Abend in ihren Garten ein. So gehen wir zur Friedrichstraße, wo Familie Mantius im Hause des Malers Ludwig Richter wohnt.

Später sitzen wir um einen kleinen Teich. Die Jacken liegen im Gras. Ein Springbrunnen plätschert. Als es zu dämmern beginnt, setzen die Jungen von Herrn Mantius Teelichte auf den Teich. Ein warmer Juniabend, der hinüberdämmert zur Nacht.

Herr Mantius umarmt uns, als wir gehen wollen; es ist unterdessen halb zwei. Er sagt, alle Arbeit und aller Ärger lohne sich für so einen Tag, für so einen Abend.

Wir wünschen ihm eine gute Nacht.

DER ROSENKAVALIER
Januar 1985

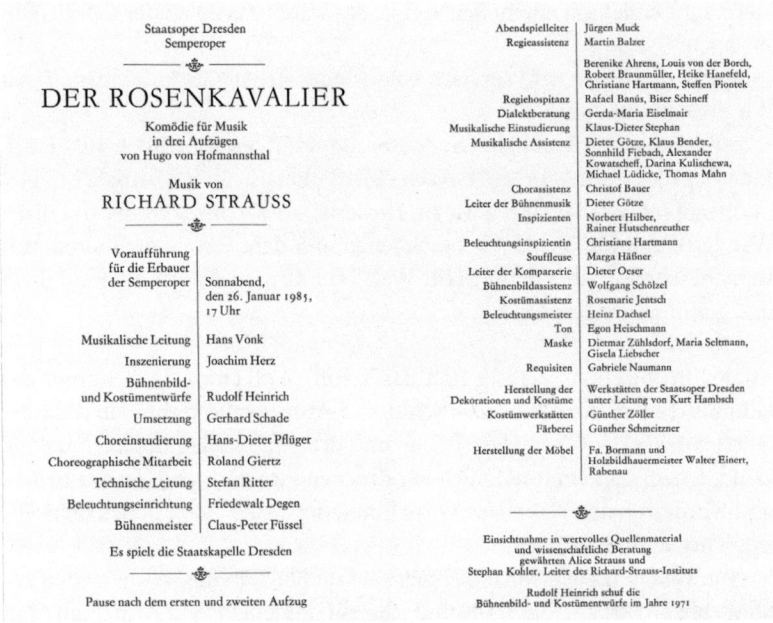

Es geht mir wie immer, wenn etwas soweit ist: die Wirklichkeit erscheint mir unwirklich. Kühl ist es, der Wind weht uns die Haare ins Gesicht. Mirjam und ich laufen auf dem gepflasterten Platz hin und her, denn die Türen der Oper sind noch verschlossen. Viele Menschen warten wie wir. Frauen in langen Kleidern und Männer in dunklen Anzügen steigen aus Autos. Alte Damen in Pelzcapes stehen unter Kandelabern. Wie merkwürdig, Kandelaber auf dem Bauplatz, der keiner mehr ist!

Dort! sage ich zu Mirjam, da stand unser Atelier! Und da wuchsen die Kletterbohnen! Weißt du noch, wie wir den Eintopf gegessen haben?

Aber ja, sagt Mirjam ein wenig nachsichtig.

Und dann wird die Tür geöffnet. Ganz selbstverständlich gehen die Leute hinein. Ich bin sprachlos über die Selbstverständlichkeit. Vorsichtig trete ich auf, wie auf Watte laufe ich, es liegt wohl an meinen Knien. Durchdrücken, denke ich und lasse mich hineinschieben zur Gardarobe. Die vielen Leute irritieren mich. Was wollen die alle hier?

Du kämmst dich ja schon wieder! sagt Mirjam, du hast dich doch eben gekämmt!

Nachdem wir die Gardarobe abgegeben haben, steigen wir eine Treppe

hoch und suchen die Tür, durch die wir zu unseren Plätzen gelangen. Der ROSENKAVALIER wird gegeben, und im Programmheft steht:

VORAUFFÜHRUNG FÜR DIE ERBAUER DER SEMPEROPER,
SONNABEND, DEN 26. JANUAR 1985, 17 UHR

Wir spazieren durch das Rundfoyer im oberen Treppenvestibül. Ich suche die Kappen, die ich gemalt habe. Auch Mirjam hat ja an einer mitgemalt. Ich zeige sie ihr. Ihren Kindern und Enkeln kann sie einmal sagen: Die grüne Zopfreihe da oben, die habe ich gemalt!

Die Türen zum Zuschauerraum sind nun offen. Wir gehen hinein. Er strahlt in Dunkelrot und Gold, nicht faßbar in seinem stillen Glanz. Die Menschen stehen alle mit dem Rücken zur Bühne und staunen hoch zu den Rängen und zur Decke. Oben an der Decke strecken sich die acht gemalten Kandelaber von der Kronleuchtermitte zum Deckenrand. Zwei der Kandelaber habe ich gemalt. Ich weiß nicht welche. Die Bilder, die jetzt zwischen den Kandelabern zu sehen sind, wurden erst eingefügt, nachdem wir unsere Arbeit beendet hatten.

Nach und nach füllt sich der Zuschauerraum. Wir sehen Bekannte, Künstler, Denkmalsverantwortliche, Arbeiter. Wir winken uns zu.

Das Licht verlöscht in den unzähligen goldenen Leuchtern. Der Zuschauerraum sinkt in dämmrige Stille. Musik umfängt uns. Der rote Samtvorhang hebt sich und gibt einen Gazevorhang frei, hinter dem sich ein Liebespaar singend bewegt. Wie ich diesen Vorhang sehe, den Geruch der Kulissen in

145

mich aufnehme, spüre ich mit einem Male wieder die Verzauberung, die
mich bewog – viele Jahre ist das her –, ein Studium in der Fachrichtung
Bühnenbild zu beginnen. Nach dem ersten Jahr fiel plötzlich auf: ich war
zu klein. So übernahm mich die Fachrichtung Graphik. Und nun sehe ich
vor mir ein Bühnenbild, das mich in seiner Ausgewogenheit an ein Bild
denken läßt, das mich begeistert, weil es mir entspricht. Was tut es, daß
nicht ich es entworfen habe? Ich empfinde Freude, es zu sehen, und so
gehört es mir. Merkwürdig, nun sitze ich hier in der Oper und bin auf ganz
andere Weise mit dem Theater verbunden, als ich es einmal träumte. Wäre
ich glücklicher, mein Wunsch von damals hätte sich erfüllt? Wie wichtig
ist es, daß sich Träume erfüllen?

JAHRE DANACH

Einer jener Abende, an denen Städte leben. Die Luft warm, weißgekleidete Menschen auf Brücken und unter Bäumen, deren Blätter Schattenteppiche über die Straßen breiten. Wie Verwandelte schreiten Menschen in dieser Welt von Schatten und Licht, gelöst die Gesichter im Schein alter Kandelaber, zeitlos die Schritte vor der Kulisse dunkel dämmernden Barocks. Frost ist schon gewesen in den Nächten, doch jetzt ist Sommer, dichter, duftender Sommer. Wir streifen die Jacken ab, Mirjam und ich, bleiben stehen am Brückengeländer. Hinab zum Strom schauen wir, der ruhig, unbeirrt, gleitet. Möwen über den Wellen fliegen auf, schwärmen, fliegen dann, dunkel vor lichtem Himmel, der Oper zu.

Jahre, schreibend, unterwegs nach Wahrheit, wog ich, was mir als zufällige Wahrheit erschien, gegen jene, die Bewegungslinien zeichnet. Erkannte Rhythmen als Lebensrhythmen und begann zu ahnen, daß Menschen nicht einfach ausbrechen können aus ihnen. Lebt nicht jeder Mensch seinen Rhythmus? Wiederholt dieser sich nicht immer wieder auf irgendeine Weise in seinem Leben? Ist es nicht wie in einem Bild, daß der einmal vorgegebene Rhythmus alles Kommende bestimmt? Wie und wann wird dem Menschen ein solcher Rhythmus eingegeben? Was, wenn Menschen ihren Rhythmus brechen? Zerbrechen sie dann oder brechen sie auf?

Wir schweigen, schauen, wie Dämmerung zum Dunkel wächst. Schwarzbewegt der Strom. Matt spiegelt sich die Oper im Wasser. Lichterkerzen tanzen über sie hin.

Ich versuchte zu erzählen über uns, die wir für einige Zeit, gefordert von der Oper, doch auch geborgen in ihr, unsere Leben ineinander banden. Es wurde ein Buchmanuskript mit zu vielen Seiten, zu vielen Fragen, zu vielen Widersprüchen, für die ich weder Antworten noch Lösungen wußte. Die ich nur vorführen konnte im Vertrauen, andere würden Antworten und Lösungen finden wollen. Sicher, was ich schrieb, bietet auch nur eine Spielform der Wahrheit. Wahrheit aber, so scheint mir, kann nur etwas Polyphones, sich aus vielen Wahrheiten Zusammensetzendes sein, weshalb der einzelne der anderen und ihrer Wahrheiten bedarf. Mein Buch, wünschte ich mir, sollte als ein Ton erklingen im großen polyphonen Konzert.

Um uns die Kandelaber blühen im Dunkel der Nacht. Dunkel im Dunkel standen sie in meiner Kindheit, nur ein kleiner Kreis grünen Lichtes fiel rings um sie aufs Pflaster. Eine grünliche Leuchtplakette in Form einer Mondsichel am Mantel, tastete ich mich durch die Nächte des Krieges. Habe ich deshalb so eine Sehnsucht nach Licht? Sehe ich deshalb manches, getrübt durch diese Sehnsucht, nicht klar? Ich übersah, jenes große Konzert war gar nicht angesagt.

BILDNACHWEIS

Foto Seite 7:
Deutsche Fotothek
Sächsische Landesbibliothek –
Staats- und Universitätsbibliothek Dresden
Zellescher Weg 18
01054 Dresden

Fotos Seite 8, 142, 145, 146:
Pirnaer Film- und Videoclub e. V.
Geschäftsstelle: Werner Reichelt
Robert-Schumann-Str. 4
01809 Heidenau

Alle anderen Fotos: Aini Teufel

DANKSAGUNG

Mein Dank gilt Herrn Prof. Dr. Heinrich Magirius, Herrn Reinhard Delau und Herrn Axel Friedrich, die mir bei der Überarbeitung meines Original-textes aus den Jahren 1980 bis 1985 beratend zur Seite standen, sowie Herrn Werner Reichelt vom Video & Filmclub Pirna, der mir freundlicherweise Fotodokumente aus der Zeit des Wiederaufbaus der Semperoper überließ. Danken möchte ich ebenfalls Herrn Prof. Dr. Gerd Uecker von der Leitung der Semperoper Dresden für sein Interesse an einer Neuauflage des 1989 erschienenen Tagebuchs. Den Mitarbeitern des Verlags Thelem danke ich insbesondere für die Unterstützung bei der Vorbereitung der Drucklegung.

Zugleich danke ich allen, die den literarischen Figuren dieses Tagebu-ches einen Teil ihres Lebens liehen, und ich bitte um Verständnis, daß – in Abweichung von der Realität – zuweilen zwei Personen zu einer Figur verschmolzen, sich Baustellen-Wirklichkeit mischt mit ein wenig Fiktion, was die handelnden Personen und die Wahl ihrer Namen betrifft.

INHALT